edition unseld 12

Keine wissenschaftliche Debatte ist in den letzten Jahren mit soviel Vehemenz in der Öffentlichkeit ausgetragen worden wie der Streit um die Willensfreiheit. Der traditionelle Begriff von Willensfreiheit, der auch von vielen Interpreten des deutschen Strafrechts unterstellt wird, setzt voraus, daß Menschen jenseits aller psychologischen und neurobiologischen Determinanten gleichsam aus dem Nichts entscheiden und handeln können. Eine solche Konzeption von Willensfreiheit ist weder begrifflich-philosophisch noch empirisch akzeptabel. In diesem Buch entwickeln der Neurobiologe Gerhard Roth und der Philosoph Michael Pauen gemeinsam ein neues Konzept der Willensfreiheit. Grundlage ist ein aufgeklärter Naturalismus, der vorwissenschaftliche Phänomene, philosophische Begriffe und wissenschaftliche Methoden gleichermaßen ernst nimmt. Hieraus ergibt sich ein Verständnis von Freiheit, das die Fähigkeit zu selbstbestimmtem Handeln auf der Basis eigener Wünsche und Überzeugungen in den Mittelpunkt stellt. Roth und Pauen entgehen damit den Schwierigkeiten vieler traditioneller Konzeptionen, erfassen das Alltagsverständnis von Willensfreiheit und werden zugleich auch den Erkenntnissen der Neurobiologie gerecht. Ihr Konzept, so argumentieren die Autoren, macht zudem ein wesentlich differenzierteres Verständnis von Schuld und Verantwortung möglich, aus dem sich weitreichende Konsequenzen für das Strafrecht und den Strafvollzug ergeben.

Michael Pauen, geboren 1956, Professor für Philosophie an der Humboldt-Universität zu Berlin sowie Sprecher der Berlin School of Mind and Brain.

Gerhard Roth ist Professor für Verhaltensphysiologie und Neurobiologie an der Universität Bremen und Präsident der Studienstiftung des deutschen Volkes, außerdem war er von 1997 bis 2008 Gründungsrektor des Hanse-Wissenschaftskollegs.

Freiheit, Schuld und Verantwortung

Grundzüge einer naturalistischen Theorie der Willensfreiheit

Michael Pauen
Gerhard Roth

Suhrkamp

Die *edition unseld* wird unterstützt durch eine Partnerschaft mit dem Nachrichtenportal *Spiegel Online*. www.spiegel.de

edition unseld 12
Erste Auflage 2008

Originalausgabe

Satz: Libro, Kriftel
Druck: CPI – Ebner & Spiegel, Ulm
Umschlaggestaltung: Nina Vöge und Alexander Stublić
Printed in Germany
ISBN: 978-3-518-26012-8

1 2 3 4 5 6 – 13 12 11 10 09 08

Inhalt

Einleitung

Noch bis vor wenigen Jahren war das Problem der Willensfreiheit in Deutschland nahezu vergessen. Zwar wurden von Zeit zu Zeit akademische Arbeiten zu diesem Thema verfaßt, doch mit größerem Interesse oder gar öffentlicher Anteilnahme konnten sie nicht rechnen. Das hat sich in der letzten Zeit dramatisch geändert. Erkenntnisse der Hirnforschung und der experimentellen Psychologie haben gezeigt, daß es notwendig ist, sich neu darüber zu verständigen, was es eigentlich heißt, frei und verantwortlich zu handeln; zur Diskussion stehen damit aber auch die Grenzen und Berührungspunkte zwischen philosophischer und neurowissenschaftlich-experimenteller Arbeit in diesem Feld.

Es ist keineswegs selbstverständlich, daß sich die Hirnforschung mit Problemen der Willensfreiheit befaßt. Obwohl bereits vor etwa hundert Jahren eine stürmische Entwicklung in diesem Bereich einsetzte, konnte man lange glauben, daß nur einfache Prozesse der Wahrnehmung und Motorik mit Gehirnstrukturen und -funktionen in Verbindung zu bringen seien. Diese Haltung geriet erst mit dem Siegeszug der funktionellen Kernspintomographie nachhaltig ins Wanken, mit deren Hilfe es möglich wurde, Aktivitätszustände des menschlichen Gehirns bei komplexeren kognitiven, emotionalen oder exekutiven (d. h. handlungsvorbereitenden) Abläufen zu untersuchen und bildlich darzustellen.

Es bedurfte daher Anfang der achtziger Jahre eines gehörigen Mutes, Experimente zu ersinnen, die den Zweck hatten, die Existenz oder Nichtexistenz von Willensfreiheit experimentell zu überprüfen. Aufgebracht wurde dieser Mut von dem amerikanischen Neurobiologen Benjamin Libet. Von den Resultaten seiner Experimente waren die meisten Zeitgenossen tief beunruhigt – nicht zuletzt Libet selbst, der eigentlich ein Vertreter des Dualismus war. Libets Resultate haben eine intensive interdisziplinäre Diskussion ausgelöst, die bis heute anhält. Während die eine Fraktion dabei bestreitet, daß die Forschungsresultate von Libet und seinen Nachfolgern irgendeine Bedeutung für die Realität der Freiheit besitzen, behauptet die Gegenseite, daß Willensfreiheit sich durch die Experimente als *Illusion* erwiesen habe.

Bestärkt wurde diese Polarisierung durch die auf beiden Seiten vertretene Auffassung, determinierte Handlungen könnten prinzipiell nicht frei sein. Sollte es sich also herausstellen, daß die neuronalen Grundlagen von Willensakten durch deterministische Naturgesetze beschrieben werden können, dann wäre damit erwiesen, daß wir nicht frei sind. Soll Freiheit dagegen möglich sein, dann müßten Neurowissenschaften und Psychologie bei der Erklärung menschlicher Handlungen irgendwo an eine Grenze stoßen – und erst da finge die Freiheit an.

Von einer Zusammenarbeit zwischen Neurowissenschaftlern und Philosophen wäre unter diesen Prämissen nicht viel Gutes zu erwarten gewesen: Die Philosophen hätten den Neurowissenschaftlern die Grenzen ihres Fachs aufgezeigt, die Neurowissenschaftler den Philosophen vorgehalten, ihren Theorien fehle die natürliche Grundlage. In der Tat sind viele Diskussionen der vergangenen Jahre in genau diesen Bahnen verlaufen. Wir möchten in dem vorliegenden Buch einen anderen Weg aufzeigen. Dabei wollen wir deutlich machen, daß die Zusammenarbeit zwischen den Disziplinen gerade dann funktioniert, wenn beide Seiten die Prinzipien und Methoden ihres Fachs ernst nehmen. Es wird sich herausstellen, daß vor allem die

Beseitigung einiger Mißverständnisse in bezug auf den Begriff der Willensfreiheit den Weg zu einer fruchtbaren Kooperation ebnen kann.

Ziel dieses Buches ist die Entwicklung einer Theorie von Freiheit, Schuld und Verantwortung, die einerseits den Phänomenen gerecht wird, auf der anderen Seite aber deren natürliche Grundlagen angemessen beschreibt. Solche Naturalisierungsversuche sind umstritten, seit es sie gibt. Eine entscheidende Rolle spielt dabei der Verdacht des »Reduktionismus«: Dabei wird unterstellt, daß naturalistische Ansätze der Realität geistiger Zustände nicht gerecht werden können; sie stünden daher in einem prinzipiellen Konflikt zu zentralen Inhalten unseres Selbstverständnisses als bewußter, selbstbewußter und verantwortlich handelnder Personen. Wir bestreiten nicht, daß solche Konflikte in der Geschichte der Wissenschaften immer wieder aufgetreten sind, doch wir glauben, daß sie nicht auftreten *müssen.* Wir glauben also, daß man die Kritik an »reduktionistischen« Tendenzen ernst nehmen kann, ohne dabei die Prinzipien des Naturalismus aufzugeben. Deshalb sprechen wir auch von einem »aufgeklärten Naturalismus«: Dieser aufgeklärte Naturalismus nimmt die Phänomene, die er zu erklären sucht, genauso ernst, wie die wissenschaftlichen Methoden und Befunde, die zur Erklärung notwendig sind. Keineswegs bedarf es dazu fauler Kompromisse: Genausowenig wie Wasser aufhört zu frieren, wenn man eine naturalistische Theorie der Eisbildung entwickelt und dabei die zugrundeliegenden Vorgänge auf der Ebene von H_2O-Molekülen erklärt, genausowenig werden Bewußtsein oder Selbstbewußtsein dadurch in Frage gestellt, daß man deren neuronale Grundlagen versteht. Ähnliches gilt, wie wir im folgenden deutlich machen wollen, auch für den freien Willen. Freiheit, so werden wir zeigen, hängt davon ab, ob eine Handlung durch ihren Urheber selbst bestimmt wird oder ob sie sich auf andere, der Person nicht zuschreibbare Faktoren zurückführen läßt.

Zurückgewiesen wird damit vor allem die angebliche Unvereinbarkeit von Freiheit und Determination: Auch eine determinierte Handlung kann frei sein – sofern sie durch den Handelnden selbst determiniert ist. Umgekehrt führt die Abwesenheit von Determination nicht zu einem Mehr an Freiheit, sondern nur zu einem Mehr an Zufall und damit letztlich zu einem Verlust an Kontrolle seitens des Handelnden: Eine Handlung, die überhaupt nicht festgelegt ist, kann eben auch nicht durch die Wünsche und Überzeugungen des Handelnden festgelegt sein. Sie ist zufällig und damit eben auch der Verantwortung ihres vermeintlichen Urhebers entzogen.

Die Freiheit einer Handlung wird aber auch nicht dadurch in Frage gestellt, daß die ihr zugrunde liegenden Entscheidungsprozesse neuronal realisiert sind. Die entsprechenden neuronalen Aktivitäten stellen vielmehr eine zentrale *Bedingung* der Fähigkeit zu freiem Handeln dar: Genausowenig wie ein Computer rechnen kann, wenn die dafür erforderlichen Chips fehlen, genausowenig können menschliche Entscheidungsprozesse ohne die entsprechenden neuronalen Grundlagen stattfinden.

Es gibt also keinen *prinzipiellen* Konflikt zwischen dem Naturalismus auf der einen Seite und den Grundzügen unseres Menschenbildes auf der anderen, also insbesondere Bewußtsein, Selbstbewußtsein und Verantwortlichkeit. Wir bestreiten nicht, daß neuere Erkenntnisse zu Korrekturen im einzelnen führen können. Auch die Grenzen der menschlichen Schuldfähigkeit müssen vermutlich anders gezogen werden, als dies normalerweise geschieht. Wir glauben, daß man derartige Erkenntnisse gerade dann ernst nehmen sollte, wenn man das tradierte Menschenbild in seinen Grundzügen für richtig und bewahrenswert hält: So wäre es grob ungerecht, jemanden für Handlungen zur Verantwortung zu ziehen, an denen er keine Schuld trägt. Darüber hinaus werden wir im folgenden zeigen, daß Überlegungen oder Entscheidungen im einzelnen anders ablaufen, als wir das üblicherweise annehmen. So ist der Einfluß bewußter Faktoren auf unsere Entscheidungen geringer, derjenige unbewußter Faktoren dagegen größer, als dies normalerweise unterstellt wird.

Es wäre verfehlt, davon auszugehen, daß unbewußt wirksame Prozesse in jedem Falle unsere Freiheit einschränken, vielmehr bilden gewisse Instinkte, Emotionen und unbewußt wirksame Erfahrungen einen Rahmen, der es überhaupt erst ermöglicht, selbstbestimmte Entscheidungen mit begrenzten kognitiven und zeitlichen Ressourcen zu treffen. Daher kommt es nicht zuletzt bei Funktionsstörungen dieser Prozesse zu Einschränkungen unseres Handlungs- und Entscheidungsspielraums. Solche Störungen mögen im Einzelfall angeboren sein und beispielsweise abweichendes oder gar gewalttätiges Verhalten begünstigen. Doch selbst dann liegt hier in der Regel kein Automatismus vor, der mehr oder minder zwangsläufig zu abweichenden oder gar kriminellen Handlungsweisen führt. Es gibt daher keinen Grund, Erkenntnisse zu ignorieren, die Zweifel an der Verantwortlichkeit einer Person begründen und diese gegebenenfalls entlasten können. Außerdem würde man damit Möglichkeiten verschenken, solche Straftaten zu verhindern: Je besser wir die psychischen und physischen Mechanismen verstehen, die z. B. zu einer extremen Gewaltbereitschaft führen, desto besser stehen nicht nur die Chancen, potentielle Opfer zu schützen; auch die Lebensperspektiven der möglichen Täter könnten durch eine rechtzeitige Therapie verbessert werden. Dies setzt selbstverständlich voraus, daß solche Therapien die Würde und das Selbstbestimmungsrecht der Betroffenen respektieren.

Die Argumentation des vorliegenden Buches verläuft folgendermaßen: Zunächst werden wir zeigen, daß menschliche Freiheit nicht auf irgendwelche Lücken im Ablauf natürlicher Prozesse angewiesen ist. Dies würde nicht zu einem *Gewinn an Freiheit* führen, sondern allenfalls ein *Mehr an Zufall* bewirken. Dann wollen wir aufweisen, daß die moderne Handlungs- und Persönlichkeitspsychologie sowie die Hirnforschung uns wesentliche Aufschlüsse über die natürlichen Grundlagen, aber auch über die Grenzen der Fähigkeit, frei zu handeln, geben können. Anschließend wenden wir uns einigen Konsequenzen und Implikationen der von uns vertretenen naturalistischen Theorie der Willensfreiheit zu. Dabei kommt es zum einen darauf an, zu verstehen, wie der normative Bereich der *Gründe* und *Rechtfertigungen* mit psychologischen Prozessen des Überlegens und Abwägens von Handlungsoptionen und schließlich mit dem neuronalen Bereich des Auslösens und Steuerns von Verhalten zusammenhängt. Wenn Gründe handlungswirksam werden – wo sollte dies geschehen, wenn nicht in der menschlichen Psyche? Und was spricht gegen den Versuch, die psychischen Vorgängen zugrunde liegenden neuronalen Prozesse so gut wie möglich zu verstehen? Zum anderen werden wir erörtern, inwieweit im Rahmen unserer Theorie von persönlicher und strafrechtlicher Schuld die Rede sein kann und wie sich unter diesen Voraussetzungen die staatliche Strafpraxis rechtfertigen läßt; schließlich werden wir auf empirische Befunde eingehen, die Rückschlüsse auf die Schuldfähigkeit von Straftätern zulassen.

Die Grundaussage unseres Buches lautet: Willensfreiheit und Determinismus bilden nicht nur keinen Widerspruch, vielmehr setzt Willensfreiheit ein einigermaßen zuverlässig und gesetzmäßig funktionierendes System wie das Gehirn voraus. Basis dieser These ist erstens eine philosophisch-begriffliche Analyse von Willensfreiheit als Selbstbestimmung, zweitens eine Vertiefung des Verständnisses der neuronalen Grundlagen der Fähigkeit zu freiem Handeln. Wir setzen uns daher das Ziel, Ansätze einer naturalistischen Theorie der Willensfreiheit zu entwickeln, die begrifflich-philosophischen Ansprüchen genügt und gleichzeitig die neuen Erkenntnisse der experimentellen Psychologie und Hirnforschung berücksichtigt.

Wir wollen auch die Veränderungen sichtbar machen, denen die Theorie der Willensfreiheit unterworfen ist, wenn sie einem solchen aufgeklärten Naturalismus folgt. Aufgeklärt ist dieser Naturalismus, weil er sich gegen einen naiven Reduktionismus wendet, der von der Fähigkeit zu freiem Handeln »nichts als« neuronale Aktivitäten übrigläßt und sich damit jeder Möglichkeit beraubt, das Phänomen zu erfassen. Ziel unserer Theorie ist ein Verständnis der natürlichen Grundlagen der Fähigkeit zu freiem Handeln, die auf einer angemessenen Beschreibung der Phänomene sowie einer Klärung der zentralen Begriffe beruht. Im Mittelpunkt steht dabei die Annahme, daß man die Fähigkeit zu freiem Handeln grundsätzlich so verstehen kann wie andere menschliche Fähigkeiten, also etwa die Fähigkeit, zu sprechen, zu rechnen oder sich in die Perspektive eines anderen zu versetzen. Ebenso wie die anderen genannten Fähigkeiten sollte daher auch das Vermögen zu freiem und verantwortlichem Handeln irgendwann in der Lebensgeschichte eines Individuums entstehen, später wieder vergehen und außerdem in unterschiedlichen Graden und Varianten auftreten können. Und so wie es zumindest im Prinzip möglich ist, verständlich zu machen, warum eine Person einen Sprechakt oder eine Rechenoperation vollzogen hat, genauso sollte es grundsätzlich möglich sein, irgendwann einmal auch das Auftreten einer freien Handlung zu erklären – ohne daß damit ihr Status als freier Handlung gefährdet wäre.

Im Grunde genommen nimmt dieser aufgeklärte Naturalismus für die Willensfreiheit nur in Anspruch, was uns bei anderen menschlichen Fähigkeiten als geradezu selbstverständlich erscheint. Gerade damit gerät er in Widerspruch zu traditionellen Freiheitstheorien, die die prinzipielle Unvereinbarkeit von Freiheit und Determination behaupten. Solche Theorien lassen *de facto* praktisch keine Erklärungen dafür zu, daß eine freie Handlung so und nicht anders ausgefallen ist – insbesondere dann, wenn diese Erklärungen auf physische Prozesse zurückgreifen müssten. Traditionelle Theorien der Willensfreiheit unterstellen, daß eine Handlung nur frei sein kann, wenn sie *nicht* von vorausgehenden Bedingungen festgelegt wird und daher aus solchen Bedingungen auch nicht erklärt werden kann. Liegt dagegen eine solche Festlegung vor, dann kann die Handlung nicht dem Subjekt, sondern allenfalls den fraglichen Bedingungen zugeschrieben werden. Dies gilt insbesondere dann, wenn es sich um biologische Prozesse im Gehirn der Person handelt: Die Handlung scheint dann nicht mehr durch die Person, sondern durch das Gehirn der Person bestimmt zu werden. Bei anderen menschlichen Fähigkeiten spielen solche Vorbehalte dagegen keine Rolle. Daß eine Person rechnen kann, würde wohl niemand nur deshalb in Frage stellen, weil sich die Fähigkeit auf biologische Prozesse im Gehirn der Person zurückführen läßt.

Eine aufgeklärt-naturalistische Theorie der Freiheit geht davon aus, daß genau dies auch für unsere Fähigkeit zu freiem Handeln gilt: Wir werden diese Fähigkeit um so besser verstehen, je genauer wir die Faktoren bestimmen können, von denen sie abhängt. Eine Zurückführung auf biologische Prozesse würde dabei der Freiheit nicht nur nicht im Wege stehen, sondern erst verständlich machen, wie unsere Wünsche, Gedanken und Überzeugungen in einer physischen Welt wirksam werden können.

Im Widerspruch zu einem solchen aufgeklärten Naturalismus stehen traditionelle Freiheitsvorstellungen aber auch deshalb, weil sie praktisch keinen Raum für die Entwicklung der zugrundeliegenden Fähigkeiten lassen. Wenn eine Fähigkeit sich entwickelt, dann muß es zuvor ein Stadium gegeben haben, in dem sie noch nicht vorlag. Normalerweise ist es völlig unproblematisch, die spätere Ausübung der Fähigkeit auf solche früheren Stadien zurückzuführen. Es wäre absurd, wollte man behaupten, eine Person könne nicht sprechen, nur weil ihre heutigen Äußerungen auf eine Phase in ihrer Lebensgeschichte zurückzuführen sind, in der die Person tatsächlich noch nicht sprechen konnte. Das gleiche würde gelten, wenn man sich zur Begründung der Behauptung darauf beriefe, daß die Entwicklung des Sprachvermögens der Kontrolle der Person entzogen war, weil sie von biologischen Voraussetzungen und der elterlichen Erziehung bestimmt wurde.

Genau dies behaupten traditionelle Theorien jedoch in bezug auf unsere Entscheidungen: Diesen Theorien zufolge kann von Freiheit nicht die Rede sein, wenn eine Handlung sich auf Phasen in der Lebensgeschichte des Handelnden zurückführen läßt, in denen das Individuum noch keine Kontrolle über sein Tun besaß, weil es noch nicht frei und selbstverantwortlich handeln konnte. Echte Freiheit setzt traditionalistischen Vorstellungen zufolge auch an dieser Stelle absolute Spontaneität, also die Unabhängigkeit von allen Bedingungen voraus, die nicht der eigenen Kontrolle unterliegen – eine entwicklungsgeschichtliche Erklärung ist daher nicht möglich. Eine naturalistische Theorie der Freiheit hat demgegenüber zu zeigen, daß die Fähigkeit zu freiem Handeln ebenso wie die Fähigkeit, die Perspektive eines anderen zu übernehmen, innerhalb der Entwicklungsgeschichte eines Individuums irgendwann einmal entstanden sein muß und daß sich dieser Entstehungsprozeß mit Hilfe empirischer Erkenntnisse erklären und verstehen läßt.

Von naturalistischen Vorstellungen unterscheiden sich die meisten traditionellen Freiheitstheorien schließlich auch dadurch, daß sie unterschiedliche Grade und Varianten von Freiheit faktisch ausschließen. Es gibt hier im Prinzip nur zwei Optionen: Ist eine Handlung determiniert, dann ist sie unfrei; ist die Handlung dagegen frei, dann darf sie nicht determiniert sein. Unterschiedliche Grade oder Varianten von Freiheit können unter diesen Voraussetzungen keine Rolle spielen. Bei anderen Fähigkeiten würden solche Vorbehalte dagegen abwegig klingen: Natürlich kann das Sprachvermögen unterschiedlich weit ausgebildet sein, und selbstverständlich kann es in verschiedenen Varianten auftreten.

Ein aufgeklärter Naturalismus geht davon aus, daß dies nicht nur für die Sprache gilt, sondern auch für unsere Fähigkeit, frei und verantwortlich zu handeln. Wie diese Varianten im einzelnen aussehen und unter welchen Bedingungen sie auftreten, welche Bedingungen diese Fähigkeit fördern und welche sie einschränken: Dies herauszufinden ist Sache der empirischen Wissenschaften.

Doch wie weit auch immer die Klärung der natürlichen

Grundlagen unserer Fähigkeit, zu sprechen oder zu rechnen, reichen mag: Es ist prinzipiell nicht zu erwarten, daß damit ihr ursprünglicher Charakter in Frage gestellt würde: Selbst wenn man die neuronalen Grundlagen mathematischer oder sprachlicher Fähigkeiten vollständig verstünde, wäre es abwegig zu behaupten, hier handle es sich »in Wirklichkeit nur noch« um neuronale Aktivitäten. Im Gegenteil: Unser Alltagsverständnis von Mathematikaufgaben und Sprechakten sowie das der entsprechenden Regeln ist unverzichtbar, wenn es um die Frage geht, ob es sich bei einem bestimmten kognitiven Prozeß um eine Rechenoperation oder um einen Sprechakt handelt. Erst recht würde das gelten, wenn es um die Frage geht, ob eine mathematische Lösung oder ein Satz korrekt ist oder nicht. Genau das sollte auch für freie Handlungen gelten: Selbst wenn man die – hoffnungslos unrealistische – Unterstellung macht, wir würden irgendwann einmal die neuronalen Grundlagen freier Handlungen vollständig verstehen, würde dies nicht bedeuten, daß wir es hier »in Wirklichkeit« nur noch mit neuronalen Prozessen zu tun hätten. Unsere Erkenntnisfortschritte würden nichts daran ändern, daß Menschen nach wie vor frei handeln können und daß wir auf unser Verständnis von Handlungen und Handlungsgründen zurückgreifen müssen, um diese Handlungen und ihre Motive zu verstehen.

Dennoch können empirische Untersuchungen auf die Dauer zu einem wesentlich umfassenderen Verständnis unserer Fähigkeit zu freiem und verantwortlichem Handeln beitragen. Die Klärung der begrifflichen Fragen, insbesondere die Erkenntnis der Vereinbarkeit von Freiheit und Determination, stellt dagegen nur die Voraussetzung solcher umfassenden und detaillierten Untersuchungen dar. Allerdings könnte sich angesichts umfassender empirischer Befunde eine stärkere begriffliche

Ausdifferenzierung als notwendig erweisen, weil anders die unterschiedlichen Erscheinungsformen und Grade von Freiheit nicht systematisch und angemessen zu erfassen sind.

Nun würde ein wirklich umfassendes Bild unserer Fähigkeit zu freiem Handeln sicherlich den Rahmen des vorliegenden Buches sprengen – ganz abgesehen davon, daß die notwendigen empirischen Erkenntnisse bislang allenfalls in Ansätzen vorliegen. Wir haben uns daher auf *einen* in unseren Augen besonders aufschlußreichen und bereits heute vergleichsweise gut erforschten Aspekt beschränkt, nämlich auf möglichen Einschränkungen von Freiheit und Verantwortung durch gesteigerte Gewaltbereitschaft. Es bedarf keiner ausführlichen Rechtfertigung, daß die Auseinandersetzung mit solchen Beeinträchtigungen zu einem umfassenden Bild von Freiheit gehört. Dies gilt aus naheliegenden Gründen auch für solche Einschränkungen, die sich auf organische oder genetische Faktoren zurückführen lassen. Organische Prozesse im menschlichen Körper sind fehleranfällig und verletzlich, Entwicklungsprozesse können ihr Ziel verfehlen.

Keineswegs ergibt sich aus solchen Einschränkungen ein grundlegender Einwand gegen unser Selbstverständnis als freie und verantwortliche Subjekte, ganz im Gegenteil: Differenzierte Urteile über das Ausmaß bzw. über mögliche Einschränkung der Fähigkeit zu verantwortlichem Handeln sind ein konstitutiver Bestandteil dieses Selbstverständnisses; sie sind unverzichtbar für einen angemessenen Umgang mit den Verdiensten und Verfehlungen menschlicher Subjekte. Offenbar stünde es im Widerspruch zu fundamentalen moralischen Intuitionen, wollten wir Erkenntnisse außer acht lassen, die Zweifel an der Verantwortlichkeit einer Person begründen könnten. Andernfalls würden wir Gefahr laufen, Personen für Handlungen zur Rechenschaft zu ziehen, für die sie nach unseren eigenen Maßstäben nicht verantwortlich sind, und damit letztlich Unschuldige zu bestrafen. Tatsächlich gehört es zu unseren Begriffen von Freiheit, Schuld und Verantwortung, daß diese uns eine Differenzierung erlauben zwischen zuschreibbaren und nicht zuschreibbaren Handlungen: zwischen Handlungen, für die wir eine Person verantwortlich machen können, weil sie frei gehandelt hat und daher – im Falle einer Normverletzung – eben auch schuldig werden konnte, und Handlungen, bei denen dies nicht der Fall ist.

Auch in diesem Punkt steht ein aufgeklärter Naturalismus der Willensfreiheit nicht im Gegensatz zu unserem Selbstverständnis – ganz im Gegenteil: Die Einbeziehung wissenschaftlicher Erkenntnisse erlaubt ein besseres Verständnis der natürlichen Grundlagen dieser Fähigkeit, und sie liefert uns darüber hinaus wichtige Erkenntnisse über Umstände, die für deren Entwicklung, aber auch für ihre Beeinträchtigung wichtig sind.

Eine solche Theorie fällt nicht vom Himmel, sondern erfordert eine jahrelange intensive fachliche und freundschaftliche Zusammenarbeit zwischen einem Philosophen (M. P.) und einem Hirnforscher (G. R.), wobei der Umstand zugute kam, daß der Hirnforscher eine philosophische Ausbildung und der Philosoph gründliche Kenntnisse in der Hirnforschung vorzuweisen hat. Beide – der Philosoph und der Hirnforscher – wurden zudem in ihrer Zusammenarbeit durch das Hanse-Wissenschaftskolleg in Delmenhorst unterstützt, dem sie dafür ebenso nachdrücklich danken wie Frau Grischa Merkel (Universität Rostock), von der sie wichtige Unterstützung in rechtswissenschaftlichen Fragen erhalten haben. G. R. dankt seiner Ehefrau und akademischen Kollegin Ursula Dicke (Universität Bremen) für fachlichen Rat, Ralph Schumacher (ETH Zürich) für eine Vielzahl philosophischer Anregungen und seiner Tochter Anna Roth für ebenso zahlreiche juristische Ratschläge. M. P. dankt seinen Kollegen und Mitarbeitern in Berlin und Magdeburg, insbesondere Alexander Staudacher, Michael Schütte, Georg Lohmann, Stefan Pollmann, Arno Ros, Thomas Schmidt, Katja Crone, Kati Hennig und Anna Coenen, für Anregungen und Kritik.

Lilienthal/Brancoli und Berlin im März 2008

1 Die philosophische Analyse des Begriffs der Willensfreiheit

Die Ausgangslage

Die Debatte über das Problem der Willensfreiheit ist Teil einer umfassenderen und seit langem andauernden Auseinandersetzung über die Konsequenzen, die die Ergebnisse der Lebenswissenschaften für das menschliche Selbstverständnis, aber auch für unser alltägliches Handeln besitzen. Die Anfänge dieser Diskussion lassen sich bis in die Antike zurückverfolgen. Bereits Sokrates hatte sich mit materialistischen Auffassungen beschäftigt und sie als unzureichend zurückgewiesen.[1] Während es sich für Sokrates hier im wesentlichen um ein theoretisches Problem handelte, gewannen in der Neuzeit empirische Kenntnisse Einfluß auf die Auseinandersetzung. Sichtbar wird dies bei Descartes: Dessen These, daß die entscheidenden Körperfunktionen im Prinzip mechanistisch erklärbar seien, stützt sich nicht zuletzt auf Harveys Entdeckung des Blutkreislaufs. Diese Theorie ließ für Descartes offenbar naturalistische Erklärungen biologischer Prozesse in Reichweite rücken.

Auch die Entwicklung im 18. und 19. Jahrhundert stand wesentlich unter dem Einfluß des Fortschritts der empirischen Wissenschaften.[2] Dies bedeutete angesichts des weitgehenden Unwissens über die Prozesse im Gehirn zunächst, daß naturalistische Erklärungen geistiger Eigenschaften nahezu unvorstellbar waren. Insofern mußte es bis weit ins 19. Jahrhundert hinein plausibel erscheinen, die zentralen kognitiven und willensbezogenen (volitionalen) Fähigkeiten des Menschen auf eine immaterielle Seele zurückzuführen. Dies galt nicht nur für Philosophen. So hatte Thomas Willis, ein bekannter Anatom des 17. Jahrhunderts, postuliert, daß Menschen im Unterschied zu Tieren eine Seele haben müßten: Anders seien nämlich die Unterschiede in den kognitiven Leistungen von Menschen und Tieren nicht zu erklären.[3] Tatsächlich war an eine naturalistische Erklärung geistiger Prozesse angesichts der fast vollständigen Unkenntnis über Funktion und Struktur der Großhirnrinde (Cortex) einfach nicht zu denken. Das Gehirn wurde daher, wie Michael Hagner (2000) gezeigt hat, von Descartes bis zum Beginn des 19. Jahrhunderts als das »Organ der Seele« betrachtet: Es stellte eine Art Übergangszone zwischen dem Körper und der immateriellen Seele dar. Dem Gehirn selbst wurde jedoch keine entscheidende Funktion für die Entstehung geistiger Prozesse zugeschrieben; diese wurden allein auf die Seele zurückgeführt.

Das änderte sich erst mit den bemerkenswerten Fortschritten, die Biologie und Hirnforschung im 19. Jahrhundert erzielten. Entscheidend war dafür zunächst die Erkenntnis der zellulären Struktur des Cortex: Erst dadurch wurde sichtbar, daß das Gehirn eine adäquate Grundlage für die Realisierung komplexer geistiger Prozesse bilden kann. Darüber hinaus waren auch Ansätze zur Lokalisation geistiger Funktionen in bestimmten Arealen des Cortex wichtig, wie sie nach der Mitte des 19. Jahrhunderts durch die Befunde von Broca, Hitzig, Frisch und Wernicke möglich wurden.[4]

Diese Entwicklung deutete sich bereits im sogenannten Materialismusstreit der fünfziger Jahre des 19. Jahrhunderts an, in dem eine materialistische Position, wie sie z. B. von Carl Vogt vertreten wurde, weiten Kreisen bereits als akzeptabel erschien.[5] Zwar lagen zu Vogts Zeiten noch keine konkreten naturalistischen Erklärungen geistiger Zustände vor – viele dieser Erklärungen fehlen uns noch heute. Dennoch hatte die Entwicklung neurobiologischer und psychologischer Forschung solche Erklärungen zumindest *vorstellbar* gemacht.

Dabei ging es nicht nur um die Erklärung von Bewußtsein. Vogt befaßte sich auch mit Willensfreiheit und Verantwortung, außerdem brachte er die Konsequenzen seiner Position für das menschliche Selbstverständnis zur Sprache. Seine Auffassungen lassen an Entschiedenheit nicht zu wünschen übrig: Der Mensch sei ebenso wie das Tier nur eine Maschine, von einem freien Willen könne nicht die Rede sein, damit aber entfalle auch die Basis für Verantwortlichkeit und Moral.[6] Vogts weitreichende, zum Teil polemische Behauptungen stießen auch bei Befürwortern des naturalistischen Forschungsprojekts wie dem Physiologen Emil Du Bois-Reymond oder dem Neukantianer F. A. Lange auf Kritik.[7] Die Annahme einer naturalistischen Erklärbarkeit geistiger Prozesse wurde jedoch von einer zunehmenden Zahl von Physiologen und Philosophen geteilt, insbesondere von den Vertretern des durch Gustav Theodor Fechner begründeten »Psychophysischen Parallelismus«,[8] der gegen Ende des Jahrhunderts zur dominanten Position unter Naturforschern und Philosophen wurde.[9]

Soweit es um die grundsätzlichen Probleme geht, insbesondere also um die Vereinbarkeit von Freiheit und Determination, hat sich die Lage bis heute insofern nicht geändert, als immer noch die Frage zentral ist, ob in einer naturgesetzlich determinierten Welt freie und verantwortbare Handlungen möglich sind. Darüber hinaus haben bestimmte experimentelle Befunde der Neuro- und Kognitionswissenschaften eine Reihe von weiteren Problemen aufgeworfen, die unabhängig von der Frage existieren, ob Freiheit und Determination miteinander vereinbart werden können.

Die philosophische Methode

Wenn wir also wissen wollen, ob wir in der Lage sind, frei zu handeln, dann müssen dazu zwei Fragen beantwortet werden: Zum einen ist zu klären, was man *sinnvollerweise* unter Freiheit verstehen kann. Zur Diskussion stehen damit die Maßstäbe und Kriterien, die man an freie Handlungen anlegen kann. Dies ist im wesentlichen eine philosophische Frage. Genauso wichtig zu wissen ist zum anderen aber auch, ob bzw. unter welchen Bedingungen wir diese Maßstäbe faktisch erfüllen. Dies ist eine empirische Frage.

Nun ist die Unterscheidung zwischen philosophischen und empirischen Fragen wenig aussagekräftig, solange nicht feststeht, was denn die Methoden sind, mit denen die empirischen bzw. philosophischen Fragestellungen bearbeitet werden. Zwar verfügt die Philosophie – anders als die empirischen Wissenschaften – nicht über einen festen Methodenkanon, schließlich befaßt sie sich in der Regel mit Fragen, bei denen es noch keinen gesicherten wissenschaftlichen Konsens gibt. Hieraus kann man jedoch nicht folgern, daß philosophische Überlegungen willkürlich oder gar beliebig seien. Eine philosophische Begriffsanalyse ist nämlich an den vorwissenschaftlichen und vorphilosophischen Sprachgebrauch gebunden. Aufgabe der Philosophie ist es, hieraus eine Konzeption zu entwickeln, die einerseits möglichst klar und kohärent ist, andererseits aber unsere vorwissenschaftlichen Auffassungen soweit wie möglich erfaßt.

Auf den ersten Blick mag es so aussehen, als sei dies ein hoffnungsloses Unterfangen, ja als führten die beiden Vorgaben geradewegs in ein Dilemma. Immerhin ist die philosophische Klärung des Begriffs der Willensfreiheit nur deshalb erforderlich, weil unsere alltägliche Sprachpraxis unklar und inkohärent ist. Wir haben im allgemeinen recht unterschiedliche Vorstellungen davon, was es heißt, frei zu handeln: Setzt Freiheit die Existenz von Indetermination voraus? Wird die Freiheit eingeschränkt, wenn sie von den Wünschen und Überzeugungen des Urhebers abhängt, oder ist eine solche Abhängigkeit sogar erforderlich? Doch wie kann eine philosophische Analyse unter diesen Bedingungen einerseits den vorwissenschaftlichen Auffassungen gerecht werden, auf der anderen Seite aber die Forderung nach Kohärenz und Präzision erfüllen?

Das Ziel einer philosophischen Analyse des Begriffs der Willensfreiheit ist, deutlich zu machen, *ob* und – wenn ja – unter *welchen Bedingungen* man von Freiheit und Verantwortung sprechen kann, so daß es berechtigt ist, eine Person für ihr Handeln zu loben oder zu tadeln. Es versteht sich von selbst, daß eine Analyse scheitern kann, weil es nicht gelingt, einigermaßen nachvollziehbare Kriterien für die Unterscheidung zwischen freien und unfreien Handlungen zu finden, oder aber weil sich herausstellt, daß menschliche Handlungen *niemals* die Kriterien von Freiheit und Verantwortung erfüllen: In diesem – zugegebenermaßen sehr unwahrscheinlichen – Fall könnte man also Personen generell nicht für ihr Handeln verantwortlich machen.

Anders sähe es im ersteren Falle aus, also wenn es uns erst gar nicht gelänge, nachvollziehbare Unterscheidungskriterien zu finden. Häufig wird unterstellt, daß damit ein theoretischer Beweis für die Unmöglichkeit freien Handelns gefunden ist. Diese Auffassung ist jedoch verfehlt. Vielmehr würde unter den genannten Voraussetzungen einfach nur die Berechtigung schwinden, zwischen freien und unfreien Handlungen zu unterscheiden. Keineswegs hieße dies, daß damit alle Handlungen unfrei wären: Wenn es keine Kriterien für die Unterscheidung zwischen Tag und Nacht gäbe, würden wir ja auch nicht sagen, daß es immer Nacht ist. Sagen könnten wir allenfalls, daß die bislang verwendeten Begriffe keine Handhabe für eine sinnvolle Unterscheidung bieten; vermutlich aber würden wir zunächst versuchen, doch noch zu solchen Kriterien zu gelangen. Genau dies gilt auch für die philosophische Analyse der Begriffe von Freiheit und Verantwortung: Wenn eine solche Analyse mißlingt, würde man zunächst sicher weitere Versuche unternehmen. Erst wenn sich die alltagssprachliche Unterscheidung zwischen Freiheit und Unfreiheit dauerhaft als nicht analysierbar erweist, würde man diesen Versuch irgendwann aufgeben. Doch auch in diesem Falle könnte man natürlich nicht sagen, daß alle Handlungen unfrei sind; es folgte nur, daß die Begriffe von Freiheit und Verantwortung eben keine Handhabe für eine sinnvolle Unterscheidung menschlicher Handlungen bieten.

Zwei Minimalbedingungen

Wir möchten im folgenden jedoch zeigen, daß diese Befürchtungen unbegründet sind: Der Freiheitsbegriff läßt sich so analysieren, daß man überzeugende Kriterien für die obige Unterscheidung gewinnt. Voraussetzung dafür ist, daß man nicht von den *positiven* Anforderungen an freie Handlungen ausgeht, sondern von den *negativen* Anforderungen, also von denjenigen Eigenschaften, die eine Handlung gerade *nicht* haben darf, wenn sie frei sein soll. Hieraus ergeben sich zwei Minimalbedingungen, die kaum umstritten sind.

Tatsächlich ist praktisch allgemein akzeptiert, daß von Freiheit und Verantwortung keine Rede sein kann, wenn eine

Handlung erzwungen oder von außen determiniert wurde. Freie Handlungen dürfen also weder unter Zwang noch unter vollständiger äußerer Determination vollzogen werden. Wir werden diese Forderung im folgenden als das *Autonomieprinzip* bezeichnen; Handlungen, die diesem Prinzip entsprechen, heißen demzufolge *autonom.*

Es gibt jedoch noch einen zweiten Grund, die Freiheit einer Handlung abzustreiten. Dieser Grund ist gegeben, wenn die Handlung *zufällig* erfolgt. Der entscheidende Unterschied zwischen einer freien Handlung und einem zufälligen Geschehnis besteht darin, daß freie Handlungen eine Person als Urheber haben. Dabei muß sich die Handlung auf genau *die* Person zurückführen lassen, die das Subjekt der jeweiligen Handlung ist. Es muß also möglich sein, mit Bezug auf die handelnde Person zu erklären, warum die Handlung so und nicht anders ausgefallen ist. Freie Handlungen, so läßt sich diese Forderung zusammenfassen, müssen also auch dem Prinzip der *Urheberschaft* entsprechen.

Die Abgrenzung gegenüber dem Zufall erscheint nicht zuletzt deshalb zwingend, weil wir Personen für zufällige Handlungen offenbar nicht *verantwortlich* machen können. Und weil man normalerweise unterstellen würde, daß Freiheit Verantwortung begründet, kann eine zufällige Handlung eben auch nicht frei sein. Dies gilt ganz unabhängig davon, ob der Zufall in der Außenwelt oder im Gehirn des Handelnden stattgefunden hat. Wenn das Licht in einem Raum an- oder ausgeht, gleichgültig ob man einen bestimmten Lichtschalter betätigt oder nicht, dann können wir das Aufleuchten oder Erlöschen des Lichts eben nicht auf die Betätigung dieses Lichtschalters zurückführen. Und wenn eine bestimmte Handlung unabhängig davon stattfinden kann, ob ich eine bestimmte Überzeugung habe oder nicht, dann kann diese Handlung nicht von meiner Überzeugung abhängen. Wenn es also überhaupt nicht determiniert ist, ob A oder B stattfindet, dann kann dies eben auch nicht von mir abhängen. Unter der plausiblen Voraussetzung, daß man mich nur für solche Ereignisse verantwortlich machen kann, die auch von mir abhängen, könnte in diesem Falle von Verantwortung keine Rede sein.

Willensfreiheit als Selbstbestimmung

Genannt sind damit zwei – weitgehend unumstrittene – Minimalbedingungen freier und verantwortlicher Handlungen, nämlich *Autonomie* und *Urheberschaft*. Von Minimalbedingungen sprechen wir deshalb, weil freie Handlungen diese Bedingungen in jedem Falle erfüllen müssen. Es ist gut möglich, daß man den vorwissenschaftlichen Intuitionen nur durch einen anspruchsvolleren Begriff von Freiheit gerecht werden kann, aus dem sich weitere Anforderungen ergeben. Wir werden auf diesen Punkt bald wieder zurückkommen. Klar sein sollte jedoch, daß von einer anspruchsvolleren Konzeption nur dann die Rede sein kann, wenn zumindest die genannten Minimalbedingungen erfüllt sind.

Beiden Bedingungen kann man sehr einfach gerecht werden, indem man Freiheit in *Selbstbestimmung* übersetzt. Offenbar kann von einer selbstbestimmten Handlung nur dann die Rede sein, wenn beide Bedingungen erfüllt sind: Geschieht eine Handlung erstens unter Zwang oder externer Determination, dann ist sie nicht *selbst-*, sondern *fremd*bestimmt, nicht *auto-*, sondern *hetero*nom. Zweitens ist eine Handlung aber auch dann nicht selbstbestimmt, wenn sie *zufällig* zustande kommt.

Eine solche Handlung würden wir nicht als *selbst*-, sondern als *un*bestimmt bezeichnen. Selbstbestimmung ist also eine *hinreichende* Bedingung von Freiheit in dem bislang skizzierten Minimalsinn. Gleichzeitig stellt sie auch eine *notwendige* Bedingung dar: Zumindest die Forderung nach Urheberschaft ist nur von selbstbestimmten Handlungen zu erfüllen.

Handlung, Erklärung, Person

Damit läßt sich ein erstes Ergebnis festhalten: Freiheit in dem Minimalsinn, von dem bislang die Rede war, läßt sich als Selbstbestimmung deuten. Diese setzt voraus, daß eine Handlung unabhängig ist von Zwang und Zufall, und das wiederum bedeutet, daß sich die Handlung auf die Person zurückführen läßt. Wenn es sich also auf mich zurückführen läßt, daß ich mich vor den Computer gesetzt habe, statt auf dem Klavier zu spielen, dann war ich frei in diesem Minimalsinn. Selbstbestimmung liefert damit auch einen ersten Ansatz, die oben skizzierte intuitive Unterscheidung zwischen verantwortlichen und nicht verantwortlichen Handlungen zu präzisieren und verständlich zu machen: Erzwungene Handlungen des ersten Typs können einer Person nicht zuletzt deshalb nicht zugerechnet werden, weil sie nicht selbst –, sondern fremdbestimmt sind. Umgekehrt scheint zumindest einer der Gründe, warum wir Handlungen einer Person zurechnen, wenn sie auf der Basis eigener Überzeugungen nach reiflicher Überlegung vollzogen werden, darin zu bestehen, daß wir solche Handlungen als selbstbestimmt ansehen.

Man muß allerdings nicht lange nachdenken, um zu erkennen, daß diese Bestimmung viel zu ungenau ist. Unklar ist zum einen, was denn die Handlung ist, die auf die Person zurückgeführt werden soll. Unklar ist zweitens, was man sich unter einer solchen Zurückführung oder Erklärung vorzustellen hat, und unklar ist drittens, was denn genau die Person ist, auf die wir die Handlung zurückführen sollen. Gehen wir diese Punkte der Reihe nach durch.

Handlung

Unter *Handlungen* versteht man üblicherweise körperliche Aktivitäten, die von Personen in der Absicht vollzogen werden, einen bestimmten Zweck zu erreichen. Eine typische Handlung bestünde darin, das Licht im Zimmer anzuschalten oder eine Flasche Wein aus dem Keller zu holen. Im Gegensatz dazu sprächen wir von bloßem *Verhalten*, wenn eine Person stolpert oder niesen muß. Der Unterschied ist offensichtlich: Wenn man eine Flasche Wein aus dem Keller holt, dann hat man das Gefühl, daß man selbst derjenige ist, der die Handlung initiiert. Wenn man dagegen niest oder stolpert, hat man das Gefühl, daß etwas »mit einem geschieht«, was man nicht unter der eigenen Kontrolle hat.

Doch auch die Rede davon, daß »man selbst eine Handlung initiiert« oder »unter der eigenen Kontrolle hat«, hilft uns hier nicht sehr viel weiter: Einem weitverbreiteten Modell zufolge zeichnen sich Handlungen dadurch aus, daß man sie auf *Gründe* zurückführen kann. Unter Gründen verstehen wir üblicherweise die Überzeugungen, Wünsche oder auch die Hoffnungen einer Person.[11] Wenn ich also Durst habe und überzeugt bin, daß im Keller eine Flasche Wein liegt, dann habe ich einen Grund, in den Keller zu gehen und den Wein zu holen: Der Gang in den Keller wäre dann also eine Handlung. Dabei soll es hier keine Rolle spielen, ob die Überzeugung wahr ist und der

Grund in irgendeinem interessanten Sinne rational. Wenn ich Wein trinken möchte und überzeugt bin, durch einen bestimmten Ritus Wasser in Wein verwandeln zu können, dann wäre auch der Vollzug dieses Ritus eine Handlung.

Erklärung

Offen ist außerdem, was man sinnvollerweise unter der *Erklärung* einer Handlung verstehen kann. Im Prinzip liefert der oben skizzierte Handlungsbegriff hierzu wichtige Ansatzpunkte: Wenn es der stärkste Wunsch einer Person ist, ein Glas Wein zu trinken, und diese Handlung keine anderen wichtigen Wünsche und Überzeugungen der Person verletzt, die Person außerdem weiß, daß im Keller eine Flasche Weißwein liegt, dann scheint sich der Gang in den Keller auf die Person zurückführen zu lassen. Mit einer Erklärung oder Zurückführung wäre hier also gemeint, daß die Wünsche und Überzeugungen der Person es *verständlich machen*, daß die Person so und nicht anders gehandelt hat. Allein aufgrund der Schwierigkeiten, die Wünsche und Überzeugungen einer Person genau abzuschätzen, werden solche Erklärungen sicherlich niemals einen deterministischen Charakter gewinnen. Damit ist das Problem des Determinismus jedoch keineswegs vom Tisch. Abgesehen davon, daß nach wie vor offen wäre, ob Determination Freiheit ausschließt oder nicht, könnte man auch unter solchen Bedingungen Grund zu der Annahme haben, daß unsere Handlungen und Entscheidungen determiniert sind. Wer unterstellt, daß geistige Prozesse physische Prozesse sind, und außerdem physische Prozesse für determiniert hält, der muß davon ausgehen, daß geistige Prozesse determiniert sind – auch wenn diese Determination auf der Ebene von Handlungserklärungen nicht sichtbar wird.

Die bloße Zurückführung einer Handlung auf eine Person wäre jedoch unzureichend. Die Frage nach der Freiheit ist immer auch eine Frage nach Handlungs- und Entscheidungsspielräumen. Wenn wir fragen, ob eine Person beim Vollzug einer Handlung frei war, wollen wir in der Regel auch wissen, wie groß ihr Handlungsspielraum war. Natürlich macht es einen Unterschied, ob eine Person, die faktisch eine bestimmte Sorte Weißwein aus dem Keller holt, nur diese eine Option hatte, ob sie die Wahl zwischen Rot- und Weißwein hatte oder ob sie auch ein ganz anderes Getränk hätte holen können. Insofern sollte man die Optionen, die der Person offenstehen, explizit benennen.

Erklärungen für selbstbestimmte Handlungen sollten also mit Bezug auf die Wünsche und Überzeugungen des Akteurs verständlich machen, warum dieser sich *für* eine bestimmte Handlung und *gegen* eine andere entschieden hat. Da solche Erklärungen an dem Kontrast zwischen zwei Optionen ansetzen, werden sie üblicherweise als *kontrastive Erklärungen* bezeichnet.[12] Die Wahl zwischen Rot- und Weißwein ist also frei in dem hier interessierenden Minimalsinn, wenn die Wünsche und Überzeugungen der Person eine Erklärung dafür liefern, daß die Person sich *für* den Weiß- und *gegen* den Rotwein entschieden hat. Sie ist nicht frei, wenn andere Faktoren die fragliche Erklärung liefern, etwa wenn die Person sich gar nicht für den Rotwein entscheiden konnte, weil sich im Keller schlicht kein Rotwein befand.

Person

Entscheidend im Rahmen des vorliegenden Ansatzes ist die Frage nach der *Person*, also nach dem Urheber einer Handlung. Die These, daß Freiheit und Determination miteinander vereinbar seien, ist seit der Antike immer wieder vertreten worden.[13] Man mag darin eine Bestätigung der Intuitionen sehen, die den vorliegenden Ansatz tragen. Die Originalität dieses Ansatzes zeigt sich in jedem Falle an einem anderen Punkt, nämlich der zentralen Rolle, die er dem Urheber zuweist, indem er Freiheit als Selbstbestimmung einer Person bestimmt. Ob eine Handlung oder Entscheidung selbstbestimmt ist oder nicht, hängt davon ab, ob sich die Handlung oder Entscheidung auf die Person zurückführen läßt.

Was kann man also unter einer Person verstehen? Da es hier um das Verhältnis von Personen zu ihren Handlungen und Entscheidungen geht, kommt es nur auf die handlungswirksamen Merkmale und Fähigkeiten von Personen an. Sie sollen eine Feststellung darüber erlauben, ob eine Handlung oder Entscheidung auf eine Person zurückzuführen ist oder nicht.

Wir werden im folgenden die Gesamtheit der Merkmale und Fähigkeiten, die den Kern einer Person ausmachen, als das »Selbst« einer Person bezeichnen. Gemeint ist damit nicht etwa eine immaterielle Seele oder ein kleiner Homunkulus, der sich bemüht, nach Kräften unsere Gehirnprozesse zu manipulieren. Vielmehr handelt es sich hier nur um eine Kurzformel für all die Merkmale, die konstitutiv sind für eine handlungsfähige Person. Wird eine Handlung durch diese Merkmale bestimmt, dann wird sie durch das Selbst der Person bestimmt und ist also selbstbestimmt.[14]

Doch um welche Merkmale geht es hier überhaupt? Wichtig ist zunächst die Unterscheidung zwischen personalen *Fähigkeiten* und personalen *Präferenzen*. Personale Fähigkeiten sind allgemeine Fähigkeiten, die jede Person besitzen muß, um überhaupt in der Lage zu sein, freie und selbstbestimmte Entscheidungen zu fällen. Hierzu gehört z. B. ein Mindestmaß an

Rationalität, das erforderlich ist, um die Konsequenzen eigener Handlungen abzuschätzen. Dazu zählen aber auch Selbstbewußtsein, also die Fähigkeit, die eigenen Ziele *als* die eigenen Ziele zu erkennen, weiterhin die Fähigkeit, sich in Konfliktfällen für das wichtigste Motiv zu entscheiden, und schließlich das Vermögen zur reflektierenden Beurteilung und gegebenenfalls zur Modifikation der eigenen Ziele.

Neben diesen personalen Fähigkeiten, die im Prinzip von *allen* selbstbestimmungsfähigen Personen gefordert werden, muß es noch Merkmale geben, die jeweils für *ein* Individuum spezifisch sind, wir nennen sie *personale Präferenzen.* Darunter hat man sich die Überzeugungen, Wünsche oder Charaktermerkmale vorzustellen, die den *Kern* einer Person ausmachen. Es geht also um diejenigen Einstellungen, ohne die die Person nicht das Individuum wäre, das sie faktisch ist. Hierzu könnte etwa die Überzeugung zählen, daß Betrug verwerflich ist, der Wunsch, möglichst häufig in die Oper zu gehen, und die Neigung, lieber mit dem Zug als mit dem Auto zu fahren.

Es mag umstritten sein, *welche* Einstellungen wirklich konstitutiv für eine Person sind und wie man sie *bestimmt.* Nicht bestreiten kann man jedoch, daß es solche Merkmale geben *muß*: Nur wenn eine Person bestimmte Wünsche, Überzeugungen und Charaktermerkmale hat, kann man verständlich machen, warum sie sich für die Handlungsoptionen entscheidet, die diesen Präferenzen entsprechen, und gegen die Optionen, die im Gegensatz zu diesen Präferenzen stehen. Nur wenn es solche Präferenzen gibt, kann man sinnvoll von Urheberschaft sprechen, die ihrerseits die Grundlage für die Unterscheidung von Freiheit und Zufall bildet. Eine Freiheitskonzeption, die es nicht zuläßt, daß man Personen bestimmte handlungswirksame Präferenzen *als ihre eigenen Präferenzen* zuschreibt, entzieht sich selbst die Basis dafür, einer Person irgendwelche Handlungen oder Entscheidungen zuzuschreiben. Ein solcher Ansatz wäre daher inkohärent, weil er der für Freiheit konstitutiven Forderung nach Urheberschaft nicht mehr gerecht werden könnte und damit die Unterscheidung von Freiheit und Zufall untergraben würde. Abgesehen davon muß es solche individuellen Einstellungen aber auch deshalb geben, weil man sonst nicht erklären könnte, warum verschiedene Personen, gerade wenn sie frei sind, unter ansonsten gleichen Bedingungen ganz unterschiedlich handeln.

All dies zeigt, daß es möglich sein *muß*, Personen Wünsche, Überzeugungen und Charaktermerkmale zuzuschreiben. Läßt sich die Handlung einer Person auf solche Einstellungen zurückführen, dann *muß* die Handlung folglich selbstbestimmt sein.

Personale Präferenzen muß es also geben. Doch nicht alle Präferenzen, die man hat, sind personale Präferenzen. Nicht *alle* Einstellungen einer Person können also konstitutiv für sie sein, vor allem aber eignen sich nicht alle diese Einstellungen zur Grundlage selbstbestimmter Handlungen. Die meisten von uns haben vielmehr eine Reihe von Präferenzen, die ihre Fähigkeit, frei und selbstbestimmt zu handeln, eindeutig einschränken. Hierzu zählen insbesondere Wünsche, Angewohnheiten und vielleicht sogar Zwänge, von denen man sich gerne lösen würde, ohne daß einem dies gelänge. So würde z. B. ein Waschzwang, Höhenangst oder eine Drogenabhängigkeit die Fähigkeit einer Person zu freiem Handeln einschränken.

Erforderlich ist daher ein systematisches Kriterium, mit dessen Hilfe man personale Präferenzen von nichtpersonalen Präferenzen auch in Zweifelsfällen unterscheiden kann: Hat die Leidenschaft für die Oper schon zwanghafte Züge angenommen? Ist die Liebe zum Wein nicht bereits in eine Abhängigkeit übergegangen?

Doch wie kann ein solches Kriterium aussehen? Auf den ersten Blick mag es sinnvoll erscheinen, einer Person nur diejenigen Einstellungen zuzuschreiben, zu denen sie sich frei und voraussetzungslos, also ganz unabhängig von Erziehung oder genetischen Einflußfaktoren entschieden hat. Der Anschein trügt jedoch, wie wir noch eingehender zeigen werden.[15] Der zentrale Punkt ist dabei, daß die Forderung in sich widersprüchlich ist, weil eine freie Entscheidung nicht voraussetzungslos sein kann, sondern immer schon auf anderen Überzeugungen und Wünschen beruhen muß – sonst kann man nicht von einer Entscheidung der Person sprechen. Die Forderung scheitert daher nicht an der besonderen Beschaffenheit unserer Welt oder an dem Unvermögen menschlicher Personen, sondern an ihren eigenen Widersprüchen. Wir sollten sie daher zurückweisen, ohne allerdings die zugrundeliegenden Intuitionen völlig aufzugeben: Natürlich kann man nur dann davon sprechen, daß bestimmte Wünsche, Bedürfnisse und Überzeugungen konstitutiv für eine Person und deren freie Entscheidungen sind, wenn diese Einstellungen im stärksten denkbaren Sinne unter der Kontrolle der Person stehen. Die oben skizzierten Probleme lassen sich dabei durch eine vergleichsweise geringfügige Korrektur verhindern. Anstelle der Forderung, die Einstellungen einer Person müßten die *Produkte* freier Entscheidungen sein, muß man nur verlangen, daß die Einstellungen *mögliche Gegenstände* wirksamer freier Entscheidungen sind. Es kommt also darauf an, ob die Person eine Präferenz aufgeben *kann*, wenn sie sich entscheidet, sie aufzugeben. Dabei spielt es keine Rolle, *ob* sie jemals diese Entscheidung treffen wird. Die bloße Tatsache, daß eine Person zeit ihres Lebens an einer bestimmten Überzeugung festhält, spricht auch intuitiv nicht dagegen, daß die Überzeugung konstitutiv für die Person ist.

Meine Überzeugung, daß Diebstahl verwerflich ist, würde dieses Kriterium also dann erfüllen, wenn ich die Einstellung aufgeben könnte, sofern ich mich gegen sie entschiede. Dies ist auch zu erwarten; es sei denn, ich wäre irgendwann einmal so stark im Sinne dieser Einstellung indoktriniert worden, daß ich jede Distanzierungsmöglichkeit verloren hätte. Solche Fälle mag es geben, doch dann würde man mich wohl auch intuitiv nicht als frei betrachten. Das Kriterium scheint daher mit unseren vorwissenschaftlichen Intuitionen übereinzustimmen. Klare Intuitionen haben wir auch z. B. bei Waschzwängen, einer Alkoholabhängigkeit oder bei Höhenangst. Solche Dispositionen schränken unsere Freiheit ganz offenbar ein, und auch hier liefert das vorgeschlagene Kriterium das richtige Ergebnis: Ein echter Zwang, eine Sucht und eben auch die Höhenangst sind in der Regel nicht durch eine Entscheidung zu überwinden. Daher handelt es sich nach den vorgeschlagenen Kriterien nicht um personale Präferenzen, und die Handlungen, die sich auf die genannten Dispositionen zurückführen lassen, wären nicht frei in dem skizzierten Minimalsinn. Wir werden zeigen, daß dies unter bestimmten Bedingungen auch für Formen exzessiver Gewaltbereitschaft gilt.[16]

Freiheit, Determination und Bewußtsein

Aus den bisherigen Ausführungen ergeben sich einige vorläufige Konsequenzen für die Vereinbarkeit von Freiheit und Determination, aber auch für die Frage, ob freie Handlungen auf

Entscheidungsprozesse zurückgeführt werden können, die neuronal realisiert sind.

Kommen wir zunächst zum Problem der Determination. Als determiniert bezeichnen wir ein Ereignis, wenn dessen Eintreten durch vorangegangene Umstände vollständig festgelegt wird, so daß also bei einer Wiederholung der vorausgegangenen Umstände auch das Ereignis selbst immer wieder eintreten wird. Ist unsere Welt determiniert, dann gelten die genannten Bestimmungen für sämtliche Geschehnisse in dieser Welt. In einer solchen Welt kann man also niemals sagen, daß etwas anderes hätte eintreten können, als faktisch eingetreten ist. Ob unsere Welt determiniert ist oder nicht, muß in diesem Buch nicht definitiv entschieden werden. Allerdings werden wir[17] dafür argumentieren, daß das menschliche Gehirn nicht als ein streng, sondern nur als ein quasideterministisches System verstanden werden kann.

Das Problem des Determinismus sollte nicht verwechselt werden mit dem Problem der Vorhersagbarkeit. Auch determinierte Ereignisse können prinzipiell unvorhersagbar sein, z. B. weil es nicht möglich ist, die determinierenden Faktoren genau genug zu bestimmen. Verfehlt wäre es auch, wollte man unterstellen, daß nur Naturgesetze und naturwissenschaftlich beschreibbare Ereignisse als Determinanten denkbar seien. Zwar mag es *faktisch* keine anderen Determinanten geben – *denkbar* wäre es jedoch sehr wohl, daß unsere Handlungen durch göttliche Vorsehung oder ein unerbittliches Schicksal determiniert sind. Dies zeigt, daß sich die Frage nach der Vereinbarkeit von Freiheit und Determination nicht nur innerhalb eines naturalistischen Ansatzes stellt. Wer an einen allmächtigen Gott oder ein alles bestimmendes Schicksal glaubt, hat ganz ähnliche Probleme. Nicht zuletzt deshalb ist die Vereinbarkeit von Freiheit und Determination schon diskutiert worden, als von deterministischen Naturgesetzen im modernen Sinne noch keine Rede war.[18]

Innerhalb des von uns vorgelegten Ansatzes verliert die Frage nach der Determination jedoch an Bedeutung. Diesem Ansatz zufolge sind Freiheit und Determination prinzipiell miteinander vereinbar oder eben *kompatibel*. Die hier vertretene Theorie läßt sich daher als »kompatibilistisch« bezeichnen. Den bislang genannten Kriterien zufolge kommt es nämlich nicht darauf an, *ob* eine Handlung determiniert ist; entscheidend ist vielmehr, *wie* sie determiniert ist. Läßt es sich auf die personalen Präferenzen des Handelnden zurückführen, daß dieser eine Handlung A statt einer Handlung B vollzieht, dann ist der Vollzug von A selbstbestimmt und damit *frei* in dem hier skizzierten Minimalsinn. Wenn der Vollzug von A statt B unter den gegebenen Bedingungen durch meine Präferenzen determiniert wird, dann hängt es einfach vollständig von diesen Präferenzen und damit von mir selbst ab, ob ich A oder B unter diesen Bedingungen vollziehe oder nicht. Solange meine Präferenzen gleich bleiben, werde ich unter diesen Bedingungen immer wieder A statt B tun; ändern die Präferenzen sich, dann vollziehe ich vielleicht B statt A. Determination heißt hier also nur, daß die Entscheidung nicht unabhängig von meinen Wünschen und Überzeugungen variieren kann.

Existiert eine solche Determinationsbeziehung nicht, dann kann es zum Vollzug einer Handlung kommen, die im *Gegensatz* zu meinen Präferenzen steht. Solche Fälle mag es in unserer Welt geben, doch die bloße *Möglichkeit* einer meinen Präferenzen widersprechenden Handlung ist bis zu einem bestimmten Punkt sicher harmlos. Solange die faktisch vollzogene Handlung mit meinen Präferenzen übereinstimmt, wird uns eine verbleibende minimale Wahrscheinlichkeit einer Handlung, die meinen Präferenzen widersprochen hätte, nicht von der Auffassung abbringen, daß die faktisch vollzogene Handlung durch meine Präferenzen und damit durch mich selbst *bestimmt* wurde. Es ist also nicht *erforderlich*, daß die Handlung durch mich determiniert wird.[19]

Würde die Chance einer gegenteiligen Handlung aber größer, dann hätten wir irgendwann den Eindruck, daß sich die Handlung in einem Maße unserer Kontrolle entzieht, das die Freiheit einschränkt; ja ab einem gewissen Punkt wäre es völlig unvorhersagbar, wie die Entscheidung zwischen zwei Alternativen ausfallen wird. Die faktisch vollzogene Handlung wäre dann nicht mehr durch unsere Wünsche und Überzeugungen bestimmt, sondern ein Produkt des Zufalls. Es mag durchaus sein, daß es solche Fälle von Indeterminiertheit in unserer Welt gibt – zu einem Gewinn an Freiheit führen sie aber offensichtlich nicht. Insofern ist es nicht sinnvoll, Indeterminiertheit zu einer *Bedingung* von Freiheit zu machen. Auf die Frage, ob eine solche Indeterminiertheit nicht doch Spielräume für alternative Handlungen eröffnet, werden wir später noch eigens eingehen.

Freiheit und physische Realisierung

In jedem Falle kann man festhalten, daß Freiheit zumindest in dem bislang skizzierten Minimalsinn auch in einer determinierten Welt möglich ist. Voraussetzung ist nur, daß die Handlung durch die Person bestimmt wird. Hieraus ergibt sich eine zweite Konsequenz: Wenn es darum geht, ob eine Handlung frei in dem hier diskutierten Sinne ist, dann kommt es nicht darauf an, ob die zugrundeliegenden Entscheidungsprozesse physisch realisiert sind oder nicht. Entscheidend ist vielmehr, ob die Handlung durch die *Person selbst* bestimmt wird, also durch die Wünsche, Charaktermerkmale und Überzeugungen, die die Person ausmachen. Damit ist noch nichts über mögliche materielle oder immaterielle Grundlagen dieser Einstellungen gesagt. Sollte es in unserer Welt immaterielle Seelen geben und wären unsere Überzeugungen, Charaktermerkmale und Wünsche durch diese immateriellen Seelen realisiert, dann könnte natürlich von Selbstbestimmung nur die Rede sein, wenn eine Handlung durch diese immaterielle Seele bestimmt wäre.

Zwar spricht wenig für die Existenz von immateriellen Seelen, doch wenn es sie gäbe, würden dadurch die grundlegenden Kriterien von Freiheit nicht berührt; betroffen wären nur unsere Theorien über das Bewußtsein und dessen materielle oder eben immaterielle Grundlagen. Nichts ändern würde sich jedoch an der Vereinbarkeit von Freiheit und Determination: Nach wie vor würde eine Handlung als selbstbestimmt gelten, sofern sie durch die Person selbst bestimmt wird. Wären wesentliche Merkmale der Person immateriell realisiert, dann müßten eben auch immaterielle Prozesse zu den bestimmenden Faktoren zählen. Die Aussetzung der Determination würde daher auch in diesem Falle keinen Gewinn an Freiheit bringen, schließlich würden damit die Wünsche und Überzeugungen des Handelnden an Einfluß auf das Geschehen verlieren. Die Folge wäre wiederum eine Einschränkung der Freiheit, weil die Handlung unabhängig von den Wünschen, Überzeugungen und Charaktermerkmalen des Handelnden variieren könnte.

Gehen wir dagegen von der ungleich realistischeren Voraussetzung aus, daß geistige Prozesse und damit auch die für eine Person zentralen Einstellungen durch neuronale Aktivitäten realisiert sind, dann ist es nicht nur unproblematisch, wenn eine Handlung bzw. die ihr zugrunde liegende Entscheidung auf neuronale Prozesse zurückführbar ist, vielmehr *muß* dies so sein. Wie sonst sollte eine Überzeugung in einer rein physischen Welt wirksam werden, wenn nicht durch physische Aktivitäten? Genausowenig wie ein Computerprogramm[20] ohne die erforderlichen Strukturen in Prozessor und Arbeitsspeicher laufen kann, genausowenig könnte unter den genannten Bedingungen eine Überzeugung wirksam werden, wenn die entsprechenden neuronalen Strukturen zerstört wären – eine Behauptung übrigens, die durch die neurologische und neuropsychologische Praxis tagtäglich bestätigt wird. Weiter unten werden wir in Grundzügen darstellen, wie man sich die neuronalen Grundlagen der menschlichen Fähigkeit, frei zu handeln, vorstellen kann. In jedem Falle kommt es unter diesen Voraussetzungen nicht darauf an, *ob* eine Handlung auf physische Prozesse zurückzuführen ist. Entscheidend wäre, auf *welche* physischen Prozesse sie zurückgeführt werden kann. Handelt es sich dabei um diejenigen Prozesse, die unseren Überzeugungen, Wünschen und Charaktermerkmalen zugrunde liegen, dann wäre die Handlung selbstbestimmt und damit frei, handelt es sich dagegen um andere physische Prozesse, z. B. diejenigen, die einer Zwangsstörung zugrunde liegen, dann wäre die Handlung nicht selbstbestimmt und damit auch nicht frei.

Hieraus ergibt sich eine Verallgemeinerung: Was auch immer das »Selbst« einer Person ausmacht und wie immer es realisiert sein mag – je größer der Einfluß dieses Selbst ist, desto größer auch das Maß an Selbstbestimmung. Umgekehrt ist das Maß an Selbstbestimmung um so geringer, je geringer der Einfluß dieses Selbst auf eine Handlung ist. Beschränkt werden kann dieser Einfluß zum einen durch äußere Faktoren, die das Geschehen im Extremfall vollständig determinieren mögen. Der Einfluß der Person kann zweitens aber auch verringert werden, wenn eine Handlung ganz oder teilweise unbestimmt ist. Im Extremfall würden wir von einem zufälligen Ereignis sprechen. Wie bereits erwähnt, können zufällige Ereignisse einfach deshalb keine freien Handlungen sein, weil sie nicht unter dem Einfluß des Handelnden stehen. Ob das Selbst und damit die Wünsche, Charaktermerkmale und Überzeugungen, die den Handelnden ausmachen, physisch realisiert sind oder nicht, spielt für die Frage nach der Freiheit keine Rolle.

Freiheit und Bewußtsein

Ein wichtiger Punkt betrifft das Verhältnis von Freiheit und Bewußtsein. Es wird häufig unterstellt, eine Handlung könne nur dann frei sein, wenn sich der Handelnde zumindest der relevanten Motive bewußt ist. Wenn ich an der Kasse bezahle, weil ich Diebstahl für verwerflich halte, dann kann man angeblich nur dann von einer freien Handlung sprechen, wenn ich mir dieser Überzeugung und gegebenenfalls auch der dazugehörigen Entscheidung in dem fraglichen Moment bewußt bin. Tatsächlich sind wir uns aber unserer Überzeugungen gerade bei Alltagshandlungen häufig *nicht* bewußt, da wir viele dieser Handlungen mehr oder weniger automatisch ausführen. Wie noch genauer zu zeigen sein wird,[21] sprechen hierfür auch viele neurobiologische und psychologische Befunde, aus denen hervorgeht, daß das in der Regel unbewußt wirksame emotionale Erfahrungsgedächtnis eine wichtige Rolle bei unseren Entscheidungen spielt.

Nun kann es in der Tat sein, daß der Anteil freier Handlungen viel geringer ist, als wir dies gewöhnlich annehmen. Auf der anderen Seite wäre es merkwürdig, wenn man Personen nicht für die Befolgung oder Verletzung von Normen verantwortlich machen könnte, nur weil sie sich der Norm im fraglichen Moment nicht bewußt waren, ansonsten die Norm aber kennen und akzeptieren und sich auch der Konsequenzen ihrer Verletzung bewußt sind. Wenn ich andere immer wieder dadurch gefährde, daß ich zu schnell durch die Stadt fahre, wird man mich dafür verantwortlich machen, und zwar auch dann, wenn ich im gegebenen Falle nicht *bewußt* beabsichtigte, die fragliche Verkehrsregel zu verletzen oder meine Mitmenschen in Gefahr zu bringen. Da es nicht um ein einmaliges Ereignis, sondern um ein dauerhaftes Handlungsmuster geht, fällt die Begründung nicht schwer: Setzt man voraus, daß ich die Verkehrsregeln prinzipiell kenne und verstehe, dann muß mir in der Vergangenheit auch der Widerspruch zu meinem Verhalten aufgefallen sein. Wenn ich das betreffende Handlungsmuster dennoch nicht ändere, nehme ich die Normverletzung und deren Konsequenzen offenbar billigend in Kauf und treffe damit eine Entscheidung, für deren Konsequenzen ich verantwortlich bin.

Diese Beurteilung entspricht den obigen Kriterien, die verlangen, daß sich die Normverletzung auf den Handelnden zurückführen läßt. Konkret bedeutet dies, daß der Handelnde diese Normen kannte und ihre Verletzung billigend in Kauf nahm, obwohl er im Prinzip die Fähigkeit besaß, sie einzuhalten.[22] Wenn dies so ist, dann kann er hierfür auch verantwortlich gemacht werden. Das Bewußtsein dagegen spielte unter den obigen Kriterien keine Rolle. Gefordert ist also weder eine bewußte Entscheidung noch das Bewußtsein der für die Handlung relevanten Überzeugungen und Wünsche. Vorausgesetzt wird allerdings, daß die Person sich prinzipiell über die Konsequenzen ihres Handelns im klaren war und daß sie eine wirksame Entscheidung *gegen* die fraglichen Einstellungen hätte treffen können.

Diese Klarstellung ist auch deshalb von Bedeutung, weil es

mittlerweile eine ganze Reihe von empirischen Erkenntnissen gibt, die zeigen, daß wir häufig *keine* expliziten Entscheidungen bei Handlungen treffen, für die wir Personen üblicherweise verantwortlich machen. Natürlich steht unser Handeln in vielen Fällen unter dem Einfluß von Gefühlen oder von unbewußten Gehirnprozessen, ja es spricht einiges dafür, daß man unser Handeln auf der Basis von Kenntnissen über diese unbewußten Hirnprozesse mit einer bestimmten Wahrscheinlichkeit vorhersagen kann, bevor wir als Handelnde selbst wissen, wie wir uns entscheiden werden.[23]

Auf den ersten Blick mag das skandalös erscheinen: Wie kann eine Entscheidung frei sein, wenn ihr Ausgang feststeht, noch bevor der Entscheidende selbst sich ihrer bewußt geworden ist? Bei näherer Betrachtung löst sich dieser vermeintliche Skandal auf. Sofern es möglich ist, die unbewußten Hirnprozesse auf frühere Entscheidungen zurückzuführen, die man dem Handelnden zurechnen kann, oder wenn man zumindest zeigen kann, daß der Handelnde die Konsequenzen einer bestimmten Handlungsweise bewußt in Kauf genommen hat, dann spricht erst einmal nichts gegen die Annahme, daß man ihm diese Handlung genauso zurechnen kann wie andere bewußt akzeptierte Konsequenzen seiner Entscheidung. Solche Prognosen sind im übrigen auch ganz unabhängig von der Hirnforschung möglich: Wer z. B. die Überzeugungen und Wünsche eines guten Freundes kennt, der wird dessen Handeln und Entscheiden in vielen Fällen ebenfalls vorhersagen können. Die Freiheit des Handelnden schränkt dies nicht ein, genausowenig stellt dies die Zuschreibbarkeit der Handlung in Frage – im Gegenteil. Manchmal betonen wir diese Zuschreibung sogar ganz ausdrücklich, indem wir die Handlung als »typisch« für unseren Freund bezeichnen.

Eine Zwischenbilanz

Fassen wir zusammen. Freiheit ist eine Eigenschaft solcher Handlungen, die weder unter Zwang noch zufällig vollzogen werden. Beide Anforderungen werden von selbstbestimmten Handlungen erfüllt. Selbstbestimmt ist eine Handlung, wenn sich die Tatsache, daß der Handelnde diese und nicht eine andere Handlung vollzogen hat, auf die personalen Präferenzen des Handelnden zurückführen läßt. Personale Präferenzen ihrerseits zeichnen sich dadurch aus, daß eine Person sie besitzt, obwohl sie sich wirksam gegen sie entscheiden könnte.

Unerheblich ist dagegen, ob die Handlung determiniert und ob der zugrundeliegende Entscheidungsprozeß physisch realisiert ist. Freiheit und Determination sind miteinander kompatibel – auch wenn unklar ist, ob unsere Welt völlig determiniert ist. Die Aufhebung von Determination würde jedoch nicht zu einem Gewinn an Freiheit, sondern allenfalls zu einer Zunahme von Unbestimmtheit und damit zu einem Verlust von Kontrolle führen. Auch die Existenz einer Seele würde nur die Verlagerung der entscheidenden Probleme bewirken. Abgesehen davon, daß diese Annahme allem widerspricht, was wir über psychische Prozesse und ihre natürlichen Grundlagen wissen, ist auch unklar, wie man sich die Wirksamkeit von geistigen Prozessen gegenüber physischen Prozessen vorzustellen hat. Es sieht daher so aus, als könnten wir auch in einer rein physischen, determinierten Welt die Fähigkeit, frei und verantwortlich zu handeln, bewahren.

2 Ein anspruchsvollerer Begriff von Freiheit?

Bei der bislang vorgestellten kompatibilistischen Konzeption handelte es sich um einen Minimalbegriff von Willensfreiheit. Insofern liegt der Verdacht nahe, daß man es hier mit einem Kompromiß zu tun hat, der nicht wirklich erfaßt, was mit Willensfreiheit gemeint ist. Benötigen wir also nicht einen anspruchsvolleren Begriff von Freiheit, wenn wir unseren vorwissenschaftlichen Intuitionen gerecht werden wollen?

Es sind in der philosophischen Diskussion viele Vorschläge gemacht worden, wie ein solcher anspruchsvollerer Begriff von Freiheit zu erreichen sei. Wir wollen im folgenden zwei besonders weit verbreitete Auffassungen diskutieren: Zum einen wird häufig behauptet, daß Freiheit die tatsächliche und nicht nur vorgestellte Existenz alternativer Handlungsmöglichkeiten voraussetzt. Für diese Auffassung spricht ihre Übereinstimmung mit starken vorwissenschaftlichen Intuitionen. Der zweite Ansatzpunkt leitet sich ab aus der Überlegung, daß in einer determinierten Welt sämtliche Handlungen im Prinzip schon vor der Geburt einer Person festzustehen scheinen. Dies wirft die Frage auf, ob man derartige Handlungen noch ihren vermeintlichen Urhebern zurechnen kann. Erfordert Freiheit also nicht doch ein Moment von Indetermination, das die Abhängigkeit von Ereignissen vor der eigenen Geburt aufheben kann?

Alternative Handlungsmöglichkeiten

Die Forderung nach alternativen Handlungsmöglichkeiten gehört zweifellos zu den substantiellen Intuitionen in bezug auf

Freiheit. So hat ein Angeklagter vor Gericht im allgemeinen gute Chancen auf eine Minderung seiner Schuldfähigkeit, wenn er deutlich zu machen vermag, daß er *nicht* anders handeln konnte. Wenn jemand nicht anders handeln kann, dann wird seine Entscheidung nicht durch ihn selbst festgelegt, sondern durch äußere Umstände – eben durch die Umstände, die ihm die Alternativen nehmen und damit festlegen, daß er so und nicht anders handelt. Wir würden in diesem Falle einfach bezweifeln, daß der Angeklagte willensfrei war.

Ein Problem für den hier vertretenen Ansatz ergibt sich aus dieser Forderung, weil sie auch in einer determinierten Welt prinzipiell nicht zu erfüllen ist. Wenn unsere Welt determiniert ist, dann legen die Naturgesetze zusammen mit gewissen Ausgangsbedingungen fest, daß ich so und nicht anders handeln werde – Handlungsalternativen kann es dann offenbar nicht mehr geben.

Die folgenden Überlegungen sollen zeigen, daß dieser Schluß nicht nur voreilig, sondern schlicht falsch ist. Notwendig dazu ist wiederum eine Verständigung darüber, was sinnvollerweise mit alternativen Handlungsmöglichkeiten gemeint sein kann. Wir wollen nicht versuchen, doch noch einige winzige Momente von Indetermination in eine determinierte Welt einzuschmuggeln, um uns damit ein paar kümmerliche Reste von alternativen Handlungsmöglichkeiten zu erschleichen. Ziel der folgenden Überlegungen ist der Nachweis, daß die Existenz von Indetermination *nicht* zu den Voraussetzungen echter Handlungsalternativen zählt. Dies bedeutet, daß es – entgegen den oben skizzierten Auffassungen – eben doch Handlungsalternativen in einer determinierten Welt geben kann, auch wenn dies auf den ersten Blick nur schwer vorstellbar erscheinen mag.

Nichtdeterminierte Handlungsalternativen

Betrachten wir jedoch zunächst einmal Handlungsalternativen, wie sie nur in einer nichtdeterminierten Welt möglich sind. Anders als in einer determinierten Welt gibt es hier Alternativen, die auch unter *identischen* Umständen eintreten können. Selbst wenn *sämtliche* Umstände, also auch die Wünsche, Charaktermerkmale und Überzeugungen einer Person vollkommen gleich bleiben, kann neben der faktisch vollzogenen Handlung A auch eine alternative Handlung B zustande kommen.

Es sieht so aus, als hätten wir es bei solchen Handlungsalternativen *unter identischen Umständen* mit einer besonders anspruchsvollen Variante von alternativen Handlungsmöglichkeiten zu tun. Tatsächlich liegt diese Auffassung der Forderung nach alternativen Handlungsmöglichkeiten den Vorstellungen nicht nur vieler Philosophen, sondern wohl auch denen der meisten Nichtphilosophen zugrunde, die sich mit diesem Thema befassen. Nur unter diesen Voraussetzungen scheinen wir es mit wirklicher Offenheit und mit echter Freiheit zu tun zu haben.

In Wirklichkeit ist diese Auffassung jedoch eindeutig unangemessen, weil sie gegen eines der eingangs genannten Grundprinzipien von Freiheit verstößt, nämlich gegen das Prinzip der Urheberschaft. Urheberschaft setzt voraus, daß man mit Bezug auf die Person erklären kann, warum diese unter den gegebenen Umständen eine Handlung A statt einer Handlung B ausgeführt hat. Diese Bedingung wird verletzt, wenn es die Präferenzen des Handelnden unter den gegebenen Umständen völlig offenlassen, ob Option A oder Option B realisiert wird. In diesem Falle würde die Bezugnahme auf den Handelnden gerade *keine* Erklärung für den Ausgang der Handlung liefern.

Zwar wäre es auch dann sehr wohl möglich, daß sowohl das eine als auch das andere Ereignis eintritt, doch keines dieser Ereignisse würde als Handlung des (vermeintlichen) Urhebers zählen. Wir könnten unter diesen Umständen also nicht mehr davon sprechen, daß die Person anders hätte *handeln* können. Sagen könnte man nur, daß etwas anderes hätte *passieren* können. Was genau passierte, hinge jedoch nicht vom Handelnden und seinen Präferenzen ab, sondern vom bloßen Zufall. Alternative *Ereignisverläufe* mag es hier geben, aber alternative *Handlungsmöglichkeiten* sicherlich nicht.

Das Problem bliebe auch dann bestehen, wenn eine der beiden Optionen sehr wahrscheinlich, die andere unwahrscheinlich, aber nicht unmöglich ist. Zwar könnte man der Person unter diesen Voraussetzungen die erste Option zuschreiben; gleichzeitig bestünde die Möglichkeit eines anderen Ausgangs. Der aber wäre der Person nicht zuzuschreiben, weil er einen den Wünschen und Überzeugungen der Person *widersprechenden,* unwahrscheinlichen Zufall darstellte. Auch unter diesen Voraussetzungen bliebe der Person also nur eine echte Handlungsoption.

Alle diese Überlegungen sprechen dafür, daß die vorliegende Interpretation der Forderung nach alternativen Handlungsmöglichkeiten unzutreffend ist, weil sie eine echte »Wahl« zwischen zwei Alternativen dort unterstellt, wo in Wirklichkeit der Zufall regiert. Doch statt die Forderung nach alternativen Handlungsmöglichkeiten ganz aufzugeben, sollte man sich fragen, ob nicht ein anderes, sinnvolleres Verständnis dieser Forderung existiert. Im folgenden möchten wir zeigen, daß ein solches Verständnis sich direkt aus der obigen Konzeption von Freiheit ableiten läßt.

Unsere Überlegungen hatten ergeben, daß eine Handlung A

dann selbstbestimmt ist, wenn es sich auf die Person selbst zurückführen läßt, daß diese die Handlung A und nicht eine Alternative B ausführt. Für sich genommen, hängt die Erfüllung dieser Forderung nicht davon ab, ob die Handlung determiniert ist oder nicht.

Entscheidend ist nun, daß diese Rede von Selbstbestimmung bereits impliziert, daß die Person sowohl die Handlung A als auch die Handlung B tun *kann.* Würden äußere Umstände dafür sorgen, daß die Person eine der beiden Optionen *nicht* wirklich ausführen *kann,* dann hätten diese Umstände und nicht die Person selbst festgelegt, daß diese die verbliebene Option ausführt.

Wie oben gezeigt, gibt es echte Fälle von Selbstbestimmung auch in einer determinierten Welt – nämlich dann, wenn es von den Überzeugungen und Wünschen der Person selbst abhängt, ob die Person A oder B tun wird. Ist dies der Fall, dann kann die Person vor der Handlung sagen, daß sie beide Optionen ausführen *kann* – obwohl sie natürlich nur eine ausführen *wird.* Das bedeutet gleichzeitig, daß sie *nach* der Handlung auch sagen kann, sie hätte B tun können, selbst wenn sie A getan hat. Sofern die Entscheidung zwischen A und B selbstbestimmt war, muß die Person auch die Wahl zwischen A und B gehabt haben.

In bezug auf den Determinismus gilt hier wiederum das oben Gesagte: Wenn die Wünsche und Überzeugungen der Person determinieren,[24] daß sie A und nicht B tut, dann wird es durch die Person selbst determiniert, daß sie A und nicht B tut – schließlich machen diese Wünsche und Überzeugungen die Person selbst aus. Bestünde eine solche Festlegung nicht, dann könnten Handlung oder Entscheidung auch nicht von der Person festgelegt sein, und die Forderung nach Urheberschaft wäre verletzt.

Wenn man sich klarmacht, was sinnvollerweise unter »anders handeln können« verstanden werden kann und was nicht, dann kommt man zu einer Interpretation, die mit dem Determinismus kompatibel ist. Alternative Handlungsmöglichkeiten gibt es also auch in einer determinierten Welt, und zwar nicht aufgrund eines billigen Kompromisses oder weil es doch noch gelungen wäre, nichtdeterminierte Ereignisse in einer determinierten Welt aufzufinden. Entscheidend ist vielmehr, daß die Interpretation der Forderung nach alternativen Handlungsmöglichkeiten, die den Eindruck der Unvereinbarkeit mit dem Determinismus hervorruft, in sich fehlerhaft ist.

Letztlich erweist sich die Forderung nach alternativen Handlungsmöglichkeiten damit als eine andere Ausdrucksweise für die Forderung nach Selbstbestimmung: Wenn eine Person selbstbestimmt handelt, dann bedeutet dies einfach, daß es an ihr und nicht an irgendwelchen äußeren Umständen liegt, daß diese und nicht eine andere Handlung zustande kommt. Das aber ist nur dann der Fall, wenn die Person beide Handlungen tun *kann*.

Ultimative Urheberschaft

Die Forderung nach alternativen Handlungsmöglichkeiten ist jedoch nicht der einzige Einwand, den ein Inkompatibilist gegen den oben skizzierten Freiheitsbegriff vorbringen kann. Der obige Freiheitsbegriff läßt zu, daß eine Handlung als frei klassifiziert wird, obwohl sie auf Bedingungen zurückzuführen ist, die sich dem Einfluß des Handelnden zu entziehen scheinen. Es liegt daher nahe, die Konzeption durch die Forderung zu verstärken, eine freie Handlung dürfe sich *nicht* auf Bedingungen zurückführen lassen, die dem Einfluß des Handelnden entzogen sind.

Diese Forderung erscheint sehr plausibel; häufig spricht man in diesem Zusammenhang von *ultimativer Urheberschaft*, weil der Urheber hier tatsächlich in einem letzten, ultimativen Sinne für sein Tun verantwortlich ist.

Gefordert wird damit, daß all die Faktoren, von denen es abhängt, daß die Handlung so und nicht anders ausfällt, auf den Handelnden zurückzuführen sind; er muß also einen von anderen Voraussetzungen freien Einfluß darauf besitzen, daß diese und keine andere Handlung zustande kommt. Dieser Einfluß kann direkt durch die gegenwärtige Handlungsentscheidung selbst ausgeübt werden, er kann aber auch indirekt z. B. durch eine frühere Grundsatzentscheidung für ein bestimmtes moralisches Prinzip, eine bestimmte Auffassung oder einen Beruf etc. erfolgen. Wenn ich also die Waren in meinem Einkaufskorb bezahle, statt sie zu stehlen, weil ich mich früher einmal völlig frei und voraussetzungslos gegen das Stehlen entschieden habe, dann bin ich ultimativer Urheber dieser Entscheidung.

Es ist daher unerheblich, an welcher Stelle der Entwicklung, die zu einer freien Entscheidung führt, dieser von anderen Voraussetzungen freie Einfluß wirksam wird; unerläßlich ist, daß er spontan und unabhängig von allen weiteren Bedingungen erfolgt. Dies bedeutet erstens, daß die Entscheidung nicht determiniert sein darf. Zweitens bedeutet dies aber auch, daß eine in ultimativer Urheberschaft gefällte Entscheidung unabhängig auch von den Wünschen und Überzeugungen des Handelnden selbst sein muß: Entweder sie lassen sich ihrerseits auf eine voraussetzungslose, spontane Entscheidung des Handelnden zurückführen – dann müßte eben *diese* Entscheidung in ultimativer Urheberschaft getroffen werden. Andernfalls wären diese Wünsche und Überzeugungen auf externe Merkmale zurückzuführen, und das Kriterium der ultimativen Urheberschaft wäre verletzt.

Ultimative Urheberschaft ist also an die Existenz einer voraussetzungslos freien Entscheidung gebunden. Das Problem dieser Vorstellung besteht darin, daß sie zwei miteinander unvereinbare Annahmen enthält: Einerseits wird unterstellt, daß die Entscheidung ihrem Urheber zugeschrieben werden kann; doch dann muß es irgendwelche Wünsche und Überzeugungen des Urhebers geben, auf die sich die Entscheidung zurückführen läßt – nur dann kann von Urheberschaft die Rede sein, nur dann läßt sich die Entscheidung dem Urheber zuschreiben. Auf der anderen Seite wird jedoch gleichzeitig angenommen, daß die Entscheidung voraussetzungslos ist – sonst könnte nicht von *ultimativer* Urheberschaft bzw. einer *voraussetzungslos* freien Entscheidung die Rede sein. Aufgrund dieses Widerspruchs ist ultimative Urheberschaft also keineswegs eine stärkere Form der allgemeinen Forderung nach Urheberschaft, vielmehr schwächt sie diese Forderung, indem sie eine unverzichtbare Voraussetzung von Urheberschaft, nämlich Abhängigkeit der Handlung vom Handelnden, aufhebt. Gleichzeitig verfängt sie sich damit in einem immanenten Widerspruch, der dazu zwingt, dieses Kriterium zurückzuweisen.

Wie bereits erwähnt,[25] kann das Problem durch eine einfache Modifikation der Forderung ausgeräumt werden, ohne daß dazu die grundlegende Intuition aufgegeben werden müßte, der zufolge von Freiheit nur dann die Rede sein kann, wenn der Urheber Einfluß nicht nur auf die Entscheidung selbst, sondern auch auf die der Entscheidung zugrunde liegenden Präferenzen hat. Ersetzt werden muß dazu die ursprüngliche Forderung, der zufolge die Handlungen und die ihnen zugrunde liegenden Präferenzen *faktisch* aus einer freien Entscheidung des Handelnden entstehen. An ihre Stelle muß das bereits begründete Postulat treten, dem zufolge Handlung und Präferenzen zum *Gegenstand wirksamer Entscheidungen* des Handelnden werden können. Diese Veränderung ist insofern entscheidend, als es zwar – aus den genannten Gründen – prinzipiell ausgeschlossen ist, daß alle Handlungen und Präferenzen aus freien Entscheidungen hervorgehen. Problemlos denkbar ist es jedoch, daß sämtliche Handlungen und Präferenzen *mögliche* Gegenstände wirksamer Entscheidungen sind: Damit wird nämlich nicht verlangt, daß die einer Entscheidung zugrunde liegenden Präferenzen ihrerseits Produkte von Entscheidungen sind, sondern nur, daß die Person sich gegebenenfalls für oder gegen diese Präferenzen entscheiden *könnte*, und dies ist zweifellos möglich. Auf diese Weise wird nicht nur der obige Widerspruch umgangen, sondern auch gesichert, daß die Überzeugungen, Wünsche und Erfahrungen einer Person in deren freie Entscheidungen eingehen können. Gleichzeitig ist aber ausgeschlossen, daß freie Entscheidungen auf der Basis von Präferenzen und Dispositionen gefällt werden können, die der Kontrolle des Handelnden entzogen sind, wie dies z. B. bei einer Sucht oder einem inneren Zwang der Fall wäre.

Aufhebung der Determination

Die hier vorgebrachten Argumente sollten zeigen, daß Freiheit und Determination einander nicht ausschließen. Es ist jedoch fraglich, ob sich der intuitive Widerstand gegen die Vereinbarkeit von Freiheit und Determination allein mit Hilfe solcher

Argumente überwinden läßt. Zusätzlich erscheint es notwendig, auch anhand einiger Beispiele deutlich zu machen, daß die Aufhebung von Determination nicht einen Gewinn an Freiheit bringt, sondern nur zu einem Mehr an Zufall führt.

Wie bereits erwähnt, ergibt sich die Plausibilität der Forderung nach ultimativer Urheberschaft nicht zuletzt aus der Überlegung, daß ohne diese Bedingung eine Handlung als frei gelten könnte, obwohl sie von Ereignissen abhängt, die sich lange vor der Geburt des Handelnden zugetragen haben und daher eindeutig seinem Einfluß entzogen sind. Doch wenn die Freiheit oder Zurechenbarkeit einer Handlung dadurch eingeschränkt wird, daß sie von Ereignissen vor der Geburt des Handelnden abhängt, dann müßte eine Aufhebung dieser Abhängigkeit unmittelbar vor der Geburt des Handelnden zu einem Gewinn an Freiheit führen. Dies ist aber aus einem trivialen Grunde nicht der Fall: Selbst wenn sich durch eine solche Aufhebung irgendwelche neuen Handlungsspielräume öffneten, könnte die Person sie nicht nutzen, weil sie vor ihrer Geburt eben noch nicht existiert. Wenn durch eine Aufhebung der Determination an dieser Stelle kein Gewinn an Freiheit zu erreichen ist, dann kann das Bestehen von Determination die Freiheit auch nicht einschränken.

Es gibt eine Reihe weiterer möglicher Zeitpunkte für die Aufhebung der Determination. Von besonderer Bedeutung dürfte dabei der Entscheidungsprozeß selbst sein. Tatsächlich sind viele Inkompatibilisten, insbesondere die Vertreter der sogenannten Akteurskausalität,[26] der Auffassung, daß es innerhalb des Entscheidungsprozesses einen Punkt geben müsse, an dem sowohl die eine als auch eine andere Alternative faktisch möglich ist. Übersehen wird dabei jedoch erstens, daß auf diese Weise die personalen Präferenzen, aber auch die Erfahrungen der Person ihren Einfluß auf die Entscheidung des Handelnden verlieren, denn schließlich soll es im Moment dieser Unterbrechung völlig offen sein, wie die Entscheidung ausfallen wird. Alles, was zuvor passiert ist, verliert damit seinen Einfluß. Dies bedeutet auch, daß die Überlegungen, die die Person zwischen dem Beginn des Entscheidungsprozesses und der Unterbrechung angestellt hat, keinen Einfluß mehr auf die Entscheidung haben. Doch wenn auf diese Weise ein Teil der Überlegungen eine Wirkung auf die Entscheidung verliert, dann wird damit ein rationaler Entscheidungsprozeß im Lichte aller Gründe, Erfahrungen und Überlegungen der Person unmöglich: Auch diese Variante führt also nicht zu einem Gewinn an Freiheit und Selbstbestimmung. Sie muß daher zurückgewiesen werden.

Natürlich ist damit nicht prinzipiell ausgeschlossen, daß durch die Aufhebung der Determination doch noch ein Gewinn an Handlungsspielraum erzielt werden kann. Die skizzierten Überlegungen sprechen jedoch sehr stark für die gegenteilige Annahme: Offenbar steigert die Aufhebung der Determination nur das Maß des Zufalls, sie führt jedoch nicht zu einem Mehr an Freiheit. Doch wenn die Aufhebung der Determination nicht zu einer Steigerung von Freiheit führt, dann, wie gesagt, kann das Fortbestehen der Determination die Freiheit nicht einschränken.

3 Woher stammen unsere inkompatibilistischen Intuitionen?

Wenn der Inkompatibilismus auf derart schwachen Füßen steht, warum hat er dann einen so großen Zulauf – ja warum erscheint die inkompatibilistische Position auch dann noch plausibel, wenn man die Argumente, auf die sie sich stützt, für falsch hält? Es gibt vermutlich nicht *die* eine entscheidende Erklärung. Vielmehr scheint es eine ganze Reihe von Gründen zu geben, die gemeinsam zur Plausibilität der Vorstellung beitragen, daß eine Handlung nur dann frei ist, wenn sie nicht determiniert ist.

Die Rolle von Naturgesetzen

Ein wichtiger Grund dürfte sich aus einem Mißverständnis über die Rolle von Naturgesetzen ergeben. Häufig ist die Rede davon, daß unser Verhalten durch Naturgesetze festgelegt oder gar determiniert werde. Da wir ganz offensichtlich keinen Einfluß auf die Naturgesetze haben, scheint damit unser eigenes Verhalten unter fremdem Einfluß zu stehen, sofern es durch Naturgesetze determiniert wird.

Der Fehler dieser Überlegung besteht in der Annahme, Naturgesetze würden von sich aus etwas determinieren. Diese Annahme übersieht den prinzipiellen Unterschied zwischen Naturgesetzen und juridischen Gesetzen – einen Unterschied, der auch in der Philosophiegeschichte zuweilen verwischt worden ist. So kennt noch Locke einen engen Zusammenhang zwischen physikalischem und moralischem Naturgesetz.[27] Thomas

Reid dagegen spricht zwar ebenfalls in beiden Fällen von »Naturgesetzen« (laws of nature), hebt aber den systematischen Unterschied ausdrücklich hervor. Während die »moralischen« Naturgesetze vorschreiben, was sein *soll*, beschreiben die »physikalischen« Naturgesetze das, was *ist*.[28] Ausdrücklich betont Reid zudem, daß die physikalischen Naturgesetze keinen aktiven Einfluß auf die Dinge ausüben, sondern nur eine beschreibende Funktion haben:

> Doch diejenigen, die besser zu unterscheiden wissen, sehen, daß die *Naturgesetze keine Akteure sind*. Sie sind nicht mit aktiver Kraft ausgestattet und können daher auch *keine Ursachen* im eigentlichen Sinne sein. Sie sind nur die Regeln, nach denen die unbekannte Ursache handelt.[29]

Reid trifft hier den entscheidenden Punkt: Anders als juridische Gesetze haben Naturgesetze keinen aktiven Einfluß auf das Verhalten der Dinge; sie sorgen also nicht etwa dafür, daß Planeten, fallende Körper oder Neurone etwas tun, was sie ansonsten nicht täten. Vielmehr *beschreiben* sie nur (z. B. in Form von Differentialgleichungen), was die Dinge »von sich aus« unter bestimmten Anfangs- und Randbedingungen tun werden. Das bedeutet nicht etwa, daß Naturgesetze bloße Erfindungen sind, denen nichts in der Realität entspricht. Wer das annähme, für den muß die Genauigkeit und Zuverlässigkeit, mit der wir Ereignisabläufe vorhersagen und erklären können, völlig mysteriös erscheinen. Selbstverständlich haben Naturgesetze eine Entsprechung in der Realität. Das aber sind diejenigen Eigenschaften, die die von den Naturgesetzen beschriebenen Dinge von sich aus besitzen (ihre »Eigendynamik«). Verantwortlich dafür, daß sich ein fallender Körper mit einer bestimmten Geschwindigkeit in Richtung auf den Erdmittelpunkt bewegt, sind die Masse des Körpers, die Erdanziehung sowie die Dauer des Falls und gegebenenfalls der Luftwiderstand. Es ist unsinnig, hier noch zusätzlich den Einfluß von Naturgesetzen anzunehmen, vielmehr beschreiben die Naturgesetze die Art der Interaktion zwischen den genannten Größen.

Wenn sich also das Verhalten neuronaler Prozesse in unserem Gehirn durch Naturgesetze erfassen läßt und einige dieser neuronalen Prozesse die physische Realisierung geistiger Vorgänge sind, dann bedeutet dies, daß die Naturgesetze angeben, wie die geistigen Prozesse *von sich aus* ablaufen. Ein *äußerer* Einfluß durch Naturgesetze, der gegebenenfalls in einen Konflikt mit unserer Fähigkeit, selbstbestimmt zu handeln, führen könnte, liegt hier also nicht vor.

Unvorhersehbarkeit

Verstärkt werden dürfte der intuitive Widerstand gegen die Vereinbarkeit von Freiheit und Determination auch dadurch, daß gerade freie Entscheidungen häufig unvorhersehbar sind und damit den Eindruck erwecken, sie entzögen sich dem naturgesetzlichen Determinismus. Dieser Eindruck entsteht nicht nur aus der Perspektive der dritten, sondern ebenso aus der Perspektive der ersten Person: Auch wir selbst können in vielen Fällen nicht vorhersehen, wie unsere Entscheidung ausfallen wird. Wenn wir dies vorher wüßten – warum sollten wir den Entscheidungsprozeß überhaupt noch durchlaufen?

Doch was bedeutet das für das Problem von Freiheit und Determination? Der Sache nach relativ wenig. Unvorhersehbarkeit gibt es nämlich auch in einer determinierten Welt. So sind z. B. genaue Vorhersagen des Verhaltens komplexer technischer Systeme auch in einer determinierten Welt aufgrund mathematischer Einschränkungen und der ungenügenden Kenntnis der Anfangs- und Randbedingungen oft ausgeschlossen. Erst recht ist dies der Fall, wenn Alltagsbeobachter ihr eigenes oder fremdes Handeln vorherzusagen suchen.

Eigene Erfahrung

Es kommt zweitens hinzu, daß der Handelnde die eigenen Motive üblicherweise nicht als echte Determinanten erfährt, sofern diese miteinander harmonieren.[30] Da außerdem viele Handlungsdeterminanten aus der Perspektive der ersten Person nicht zugänglich sind, weil sie unbewußt wirken, kann man den Eindruck gewinnen, das eigene Handeln sei überhaupt nicht bestimmt – außer eben durch den eigenen Willen! In der Psychologie ist in diesem Zusammenhang von der »Indeterminismustäuschung« (Kuhl 1996) die Rede:

> Die Idee der freien, autonomen Entscheidung läßt sich auf der personalen Ebene um so leichter aufrechterhalten, je selektiver die bestimmenden Determinanten der subpersonalen Prozesse zur Repräsentation gelangen. Autonomie und Freiheit sind Konzepte, die sich bei einem Vakuum von wahrnehmbarer Determination geradezu anbieten. (Prinz 1996, S. 97)

Die Täuschung kann sich um so leichter einstellen, als man gerade bei Entscheidungen mit etwa gleichrangigen Optionen den Ausgang der eigenen Überlegungen häufig nicht absehen kann und die Entscheidung als *offen* betrachten muß. Dagegen werden äußere Einflüsse üblicherweise als Determinanten empfunden, und zwar vor allem dann, wenn sie durch ihren Gegensatz zu den eigenen Wünschen und Bedürfnissen den Handlungsspielraum beeinträchtigen. Dies kann den Eindruck erwecken, das eigene Tun sei bei willentlichen Handlungen undeterminiert, bei unfreien Handlungen hingegen determiniert.

Dies ist wie gesagt eine falsche Sichtweise: Natürlich kann man aus der Tatsache, daß man selbst keine Determinanten *bemerkt*, nicht folgern, daß solche Determinanten nicht *existieren* und die Handlung folglich nicht determiniert ist – im Gegenteil: Die moderne Psychologie und Neurobiologie gehen davon aus, daß ein großer Teil der uns bedingenden Motive, wie sie sich u. a. aus dem emotionalen Erfahrungsgedächtnis ergeben,[31] uns nicht bewußt ist. Vor allem aber kann man hieraus nicht den Schluß ziehen, eine freie Handlung *müsse* indeterminiert sein. Entscheidend ist jedoch, daß die unmittelbare Erfahrung aus der Perspektive der ersten Person erkennen läßt, warum die vermeintliche Unvereinbarkeit von Freiheit und Determination so zwingend erscheinen kann.

Dualismus

Hierfür gibt es schließlich noch einen letzten Grund: Selbst wenn wir als Philosophen oder Wissenschaftler davon überzeugt sind, daß geistige Prozesse faktisch physische Prozesse sind: Wirklich *vorstellen* können wir uns bis heute nicht, was diese Behauptung eigentlich bedeutet. Dies liegt wohl nicht zuletzt daran, daß wir über keine nachvollziehbare Theorie verfügen, die uns *verständlich* macht, wie die qualitative Vielfalt unserer geistigen Prozesse auf neuronale Prozesse zurückgeführt werden kann, an denen diese Vielfalt nicht zu erkennen ist.[32] Doch wenn es nicht wirklich plausibel ist, daß bestimmte neuronale Prozesse geistige Prozesse sind, dann kann es auch nicht plausibel sein anzunehmen, daß *ich selbst* mein Handeln bestimme, wenn sich dieses gleichzeitig auf neuronale Prozesse zurückführen läßt. Die Vorstellung, daß diese neuronalen Aktivitäten ein Teil meiner selbst sind, dürfte wohl erst dann intuitiv nachvollziehbar werden, wenn wir über Theorien verfügen, die uns den Zusammenhang zwischen der psychischen und der neuronalen Ebene wirklich verständlich machen. Solange wir solche Theorien und damit die intuitive Plausibilität der Identität von physischen und psychischen Prozessen nicht besitzen, ist der Eindruck naheliegend, daß unser Handeln unter fremdem Einfluß steht, solange es von neuronalen Aktivitäten abhängt. Was wirklich unser Tun bestimmt, sind dann offenbar die Neurone und nicht wir selbst.

Im Umkehrschluß ergibt sich auch hieraus der Eindruck, daß ich nur dann frei zu handeln vermag, wenn mein Handeln nicht vollkommen von neuronalen Prozessen festgelegt wird. Nur unter dieser Voraussetzung, so scheint es, hängt das, was ich tue, nicht von Neuronen und Naturgesetzen, sondern von meinem Ich ab.

Dieser Schluß ist trivialerweise schon deshalb falsch, weil der bloße Eindruck noch kein Beweis der Nichtidentität von physischen und psychischen Prozessen ist. Abgesehen davon würde der Dualismus nur zu einer *Verlagerung* des Problems der Willensfreiheit führen, nicht aber zu dessen *Lösung*. Für einen immateriellen Geist (wie auch immer man sich diesen vorstellen mag) würden sich genau dieselben Probleme ergeben wie für ein materiell realisiertes Bewußtsein. So wäre auch bei einem solchen Geist Urheberschaft an die Wirksamkeit der eigenen Wünsche und Überzeugungen gebunden. Gleichzeitig müßte man aus den bereits genannten Gründen zugeben, daß niemand Einfluß auf die Entstehung der eigenen Wünsche und Überzeugungen hat.

Wenn also die Entscheidungen eines immateriellen Geistes z. B. durch göttliche Vorsehung festgelegt sind, dann stellt sich auch hier die Frage der Vereinbarkeit von Freiheit und Determination.[33] Sind diese Entscheidungen dagegen nicht determiniert, dann wirft dies – wie bei einem materiell realisierten Bewußtsein – das Problem auf, welcher Einfluß auf seine eigenen Entscheidungen diesem Geist bleibt: Eine völlig undeterminierte Entscheidung könnte eben auch nicht durch einen immateriellen Geist festgelegt werden.

Zwar kann ein immaterieller Geist nur wirksam werden, wenn die Naturgesetze nicht vollständig festlegen, welche Handlung ausgeführt wird – insofern ist hier ein Bruch mit dem naturwissenschaftlichen Determinismus sehr wohl erforderlich. Bezieht man jedoch die Wünsche, Bedürfnisse und Überzeugungen des immateriellen Geistes als Determinanten mit ein, dann bleibt es bei dem oben Gesagten. Durch die Unabhängigkeit von den Präferenzen des Handelnden wäre auch unter diesen Bedingungen kein Gewinn an Selbstbestimmung zu erzielen.

Es ist daher nicht schwer zu erklären, warum der Inkompatibilismus so plausibel erscheint und woher folglich die intuitiven Widerstände gegen den Kompatibilismus kommen. Das ändert jedoch nichts daran, daß der Inkompatibilismus sachlich falsch ist. Geht man etwas näher in die Details, dann kann man in jedem einzelnen Fall deutlich machen, daß die Aufhebung der Determination, insbesondere der naturgesetzlichen Determination, nicht zu einem Gewinn an Freiheit, sondern nur zu einem Mehr an Zufall führt. Zudem zeigt sich, daß dasselbe Freiheits-Determinismus-Dilemma auch in einer dualistischen Welt auftritt, in der ein immaterielles Ich die Handlungen bestimmt. Freiheit und Determination sind also vereinbar, auch wenn wir Schwierigkeiten haben, die gegenteilige Intuition aufzugeben.

4 Neurobiologische Grundlagen von Willenshandlungen

Es ist nicht selbstverständlich, daß sich die Hirnforschung als eine Naturwissenschaft mit der Frage nach der Willens- und Handlungsfreiheit beschäftigt. Traditionell war diese Frage der Philosophie vorbehalten, und zuweilen wird noch heute bezweifelt, daß die Hirnforschung wesentliche Beiträge zum Problem der Willensfreiheit leisten kann. Hirnforschung – so eines der Argumente – befasse sich mit empirischen Tatsachen, doch beim Problem der Willensfreiheit gehe es allein um Normen, über die man in Experimenten nun einmal nichts herausfinden könne.

Es ist richtig, daß jede sinnvolle Auseinandersetzung mit dem Problem der Willensfreiheit zunächst einmal klären muß, was man sinnvollerweise unter Willensfreiheit verstehen kann. Dies ist eine philosophisch-normative Frage, und sie wurde in den ersten drei Kapiteln dieses Buches behandelt. Damit aber ist es nicht getan. Welchen Begriff der Willensfreiheit man auch akzeptiert, man muß sich dafür interessieren, *ob* und – wenn ja – *wie* Menschen die entsprechenden Normen erfüllen können. Das ist eine empirische Frage, und hier kommen psychologische und neurobiologische Erkenntnisse ins Spiel.

Die hier notwendige Kooperation von Neurowissenschaften und Philosophie wird dadurch erleichtert, daß die Grenzen zwischen Natur- und Geisteswissenschaften im allgemeinen akademischen Bewußtsein zusehends durchlässiger werden. Geisteswissenschaftler akzeptieren, daß Bewußtsein und geistige Tätigkeiten wie Wahrnehmen, Denken, Vorstellen und Erinnern eine neuronale Basis benötigen; umgekehrt erkennen Neurobiologen, daß sie bei bestimmten empirischen Problemen auf geisteswissenschaftliche und insbesondere auf philosophische Klarstellungen angewiesen sind. Zu klären ist nach wie vor, wie eng die Beziehung zwischen Hirnaktivität und geistigen Tätigkeiten tatsächlich ist, insbesondere in welchem Maße sich Inhalte und Abläufe geistiger Tätigkeiten aus meßbaren Hirnaktivitäten ableiten lassen. Dies wird dadurch erleichtert, daß sich die methodisch-technischen Möglichkeiten der Erforschung des Zusammenhangs zwischen perzeptiven, kognitiven, emotionalen und exekutiv-motorischen Leistungen einerseits und neuronaler Aktivität andererseits in den letzten Jahren stark verbessert haben.

Zu den wichtigsten Entwicklungen gehört, daß die räumliche und zeitliche Auflösung der funktionellen Kernspintomographie (fMRI) gesteigert wurde. Eine besondere Rolle spielten in der letzten Zeit die Entwicklung und der Einsatz neuer Auswertungsprogramme, vor allem künstlicher neuronaler Netze. Sie sind besser als der menschliche Interpret in der Lage, im scheinbaren Chaos der Aktivität von Millionen von Nervenzellen Ordnungszustände zu erkennen, die dann mit geistigen Leistungen in Beziehung gesetzt werden können. Es stellt sich heraus, daß es bereits auf »niedrigen« Verarbeitungsebenen im Gehirn wie dem primären visuellen Cortex eindeutige Zusammenhänge mit kurze Zeit später auftretenden Bewußtseinsinhalten gibt, z. B. bei der Objekterkennung (vgl. Haynes und Rees 2006). Ebenso ist es mit diesen Methoden inzwischen möglich zu erkennen, welche Entscheidungsintentionen Versuchspersonen haben, bevor diese sich verbal oder behavioral, also durch Äußerungen oder Handlungen, bemerkbar machen (Haynes u. a. 2007).

Die Möglichkeiten der Hirnforscher haben sich auch in Hinblick auf die Auseinandersetzung mit psychologisch, sozialwissenschaftlich und auch philosophisch interessanten Problemen stark verbessert. Themen, die zur Zeit intensiv von Neurobiologen und Neuropsychologen untersucht werden, sind der Unterschied zwischen bewußter und unbewußter Wahrnehmung, Risikoabschätzung, Belohnungserwartung, Empathie, Enttäuschung, Aggression, Furcht, Schuldgefühl, Reue, Rachegefühle – also alles Themen, die weit in den Bereich sozialer Interaktionen hineinreichen und die Vorstellung widerlegen, die Hirnforschung könne sich höchstens mit *individuellen* geistig-emotionalen Zuständen, nicht aber mit sozialen Zusammenhängen befassen. Ein weiterer wichtiger Forschungsgegenstand sind die neurobiologischen Grundlagen psychischer Erkrankungen und abweichenden sozialen Verhaltens, z. B. chronischer Gewalttätigkeit. Hier hat die Hirnforschung aufzeigen können, wie stark sich in der Persönlichkeitsentwicklung genetische und hirnentwicklungsbedingte Faktoren mit frühkindlicher Bindungserfahrung und früher Sozialisation durchdringen und sowohl hirnanatomisch als auch hirnphysiologisch sichtbar werden. Das Fazit dieser Untersuchungen lautet: Gehirn und soziale Umwelt bilden keinen Gegensatz, sondern das menschliche Gehirn ist der Schnittpunkt von Anlage, Entwicklung und sozialer Umwelt.

Im folgenden gehen wir von der Annahme aus, daß alle perzeptiven, kognitiven, emotionalen und exekutiv-motorischen Leistungen des Menschen neuronal realisiert sind. Das gilt auch für die soziale Natur des Menschen: Wir Menschen sind nicht zuletzt deshalb gesellschaftliche Wesen, weil unser Gehirn auf soziale Beziehungen hin angelegt ist. Das menschliche Gehirn wurde im Laufe der Evolution der Säugetiere, der

Primaten und der Vorfahren des Menschen zu einem System, das in seiner Entwicklung und Funktion wesentlich von sozialen Interaktionen bestimmt wird, insbesondere von frühkindlichen Erfahrungen.

Nach allem, was wir wissen, laufen alle Vorgänge im Gehirn im Rahmen bekannter Naturgesetze ab. Illustrieren läßt sich dies an zwei Umständen: Erstens wird die Tätigkeit unseres Gehirns durch nichts so sehr bedingt wie durch die Versorgung mit Sauerstoff und Zucker (Glukose). Neuere Untersuchungen haben ergeben, daß es einen mehr oder weniger linearen Zusammenhang gibt zwischen der Intensität geistiger Tätigkeiten wie Aufmerksamkeit, der Aktivität von Nervenzellen bzw. Nervenzellverbänden, dem Sauerstoff- und Zuckerverbrauch der beteiligten Nervenzellen und der Intensität des lokalen Blutflusses, der die lokale Sauerstoff- und Zuckerversorgung regelt (Münte und Heinze 2001, Logothetis u. a. 2001). Auf diesen Zusammenhängen beruht die funktionelle Kernspintomographie. Das bedeutet, daß geistige Tätigkeit direkt von den physiologischen Bedingungen im Gehirn abhängig ist. Ebenso läßt sich zeigen, daß bewußter geistiger Tätigkeit unbewußte Prozesse vorhergehen, die den Zeitpunkt ihres Auftretens, ihre Intensität und auch ihre wesentlichen Inhalte bestimmen (Lamme und Roelfsema 2000, Noesselt u. a. 2002, Haynes und Rees 2006).

Diese Tatsache ist nicht zu verwechseln mit der Frage nach der Reduzierbarkeit geistiger Vorgänge auf neuronale Prozesse. Dies gilt vor allem für einen naiven Reduktionismus nach dem Muster »Der Geist ist nichts anderes als das Feuern von Neuronen.« Solche Aussagen sind durch die hier vertretenen Annahmen nicht gedeckt: Die Erkenntnis, daß geistige Prozesse eine neuronale Grundlage haben, ändert natürlich nichts an ihrem Wesen – sie bleiben geistige Prozesse. Auch das Frieren von Wasser verschwindet nicht auf wundersame Weise, wenn man das Alltagsphänomen auf die zugrundeliegenden mikrophysikalischen Prozesse zurückführt. Von einer solchen erklärenden Zurückführung geistiger Prozesse auf neuronale Prozesse sind wir jedoch noch sehr weit entfernt: Was wir mit den heutigen Methoden beobachten können, ist ein enger Zusammenhang zwischen neuronalen und mentalen Zuständen. Doch wie erwähnt, ist es nicht ohne weiteres möglich zu erklären, warum eine bestimmte neuronale Aktivität aus der Perspektive der ersten Person als bewußte Erfahrung mit einer ganz spezifischen Qualität erlebt wird.

Die Probleme bei einer solchen Erklärung ergeben sich unter anderem daraus, daß die von der Neurobiologe gemessene Hirnaktivität nur einen Teil der Eigenschaften umfaßt, die Hirnzustände ausmachen. Dies gilt insbesondere für Effekte, die bei der Interaktion von Tausenden, Millionen oder gar Milliarden von Nervenzellen auftreten. Man kann zur Zeit zwar annähernd begreifen, wie sich an einer einzelnen Nervenzelle die Erregungsverarbeitung vollzieht, aber schon was drei oder zehn Nervenzellen, die miteinander erregend und hemmend verbunden sind, »miteinander machen«, ist nicht gut verstanden, und dies gilt erst recht für größere Zellverbände. Eine Million Großhirnrinden-Neurone sind durchschnittlich durch über rund dreißig Milliarden Synapsen miteinander verbunden, und an jeder Synapse findet ein komplexer elektrochemischer Prozeß der Informationsverarbeitung statt. Wenn man sehr konservativ annimmt, daß jede Synapse zehn unterschiedliche funktionale Zustände annimmt, so ergibt dies für das Netzwerk von einer Million corticaler Neurone eine Anzahl möglicher Zustände, die bei rund 10^{100} liegt. Dies bereits ist eine unvorstellbar große Zahl. Die Zahl der gesamten Zustände, welche allein die Großhirnrinde mit ihren schätzungsweise 12 Milliarden Neuronen einnehmen kann (Roth und Dicke 2005a), liegt bei rund 10^{140}.

Selbst wenn man unterstellt, daß diese Probleme sich lösen ließen, wäre es noch unklar, inwieweit es möglich ist, die spezifischen Qualitäten geistiger Prozesse, so wie wir sie aus der Perspektive der ersten Person erfahren, aus neurobiologischen Erkenntnissen zu erklären. Viele Philosophen glauben, daß zwischen der Neurobiologie und der Perspektive der ersten Person eine unüberwindbare »Erklärungslücke« bestehe. Diese schließe es prinzipiell aus, vor allem den qualitativen Charakter geistiger Prozesse mit Hilfe naturwissenschaftlicher Theorien verständlich zu machen (Levine 1983, Chalmers 1996). Wir haben allerdings an anderer Stelle darauf hingewiesen, daß sich diese Kluft auf die Dauer verringern oder gar überwinden läßt (Pauen 1999, 2007).

Diese Überlegungen leiten auch zur Auseinandersetzung mit dem zweiten Vorwurf gegen die Hirnforschung über, sie stelle im Zusammenhang mit der Willensfreiheitsdebatte unzulässige Schlüsse von neurobiologischen Tatsachen auf soziale Normen her. Zwar ist der Schluß von Tatsachen auf Normen in der Tat unzulässig; auf der anderen Seite wird jedoch oft außer acht gelassen, daß die Fähigkeit, sozialen Normen zu folgen, an bestimmte Bedingungen auch auf der neuronalen Ebene geknüpft ist. Die Hirnforschung kann untersuchen, ob diese Bedingungen erfüllt sind. Sofern es um das Problem der Willensfreiheit geht, ist dazu allerdings auch ein kohärenter Begriff der Willensfreiheit erforderlich. Einen solchen Begriff haben wir in den Kapiteln 1-3 entwickelt.

Abgesehen davon ist es unumgänglich, bei der Festlegung

von Normen die relevanten empirischen Erkenntnisse zu berücksichtigen. Vor allem in rechtliche und moralische Normen gehen zwangsläufig Annahmen darüber ein, was menschliche Individuen leisten können und was nicht. Bereits im römischen Recht galt daher der Grundsatz, daß rechtliche Verpflichtungen nur soweit gültig sind, wie Menschen sie erfüllen können (»ultra posse nemo obligatur«). Wir werden auf diese Frage noch ausführlicher eingehen.

Das Libet-Experiment, seine Nachfolger und die gegenwärtige Deutung der experimentellen Befunde

Das traditionelle Konzept der Willensfreiheit wirft mehrere Probleme hinsichtlich seiner empirischen Grundlagen und Voraussetzungen auf. Festzuhalten ist zunächst, daß aus dem *Gefühl*, wir seien bei Willkürhandlungen frei, natürlich nicht folgt, daß dies tatsächlich der Fall ist. Dies gilt schon deshalb, weil uns viele Bedingungen und Determinanten unserer Entscheidungen gar nicht zugänglich sind. Auch unter normalen Umständen erleben wir nicht, wie Wünsche und Absichten aus dem Unbewußten in das Bewußtsein aufsteigen und mit Inhalten des episodisch-autobiographischen Gedächtnisses verknüpft werden. Dies bedeutet, daß sich die Faktoren, von denen unsere Handlungen und Entscheidungen abhängen, unserer bewußten Erfahrung zu einem beträchtlichen Teil entziehen.

Eine empirisch-experimentelle Überprüfung der Freiheit einer Handlung erschien lange Zeit jedoch unmöglich. Zum einen schienen subjektive Zustände des Wollens bzw. des Willensaktes einschließlich ihres Zustandekommens und zeitlichen Auftretens allenfalls aus der Perspektive der ersten Person, nicht jedoch aus der Beobachterperspektive erfaßbar. Daher sei z. B. experimentell nicht festzustellen, welche Rolle dem bewußten Willensakt im Vergleich zu unbewußten, ja prinzipiell nicht bewußtseinsfähigen Prozessen der Handlungssteuerung zukomme. Zweitens lasse sich die Existenz alternativer Handlungsmöglichkeiten unter identischen Bedingungen nicht empirisch nachweisen, weil man eine bestimmte Situation nicht exakt wiederholen und erst recht nicht die Versuchsperson exakt in einen früheren psychischen Zustand zurückversetzen könne.

Abgesehen davon, daß es heute bereits möglich ist, auf der Basis neuronaler Aktivitäten bemerkenswert gute Verhaltensprognosen zu machen (Haynes u. a. 2006), ist die Existenz von unterschiedlichen Handlungsalternativen, wie wir oben gezeigt haben,[34] unter *identischen* Bedingungen für die Frage nach der Willensfreiheit nicht relevant. Wir hätten es dann nämlich mit bloßen Zufällen zu tun, die der Kontrolle des Handelnden entzogen sind. Das zweite Argument läßt sich also ausräumen.

Das erste Argument bereitet größere Schwierigkeiten. Eine Möglichkeit, diese Schwierigkeiten zu überwinden, besteht darin, nach nicht bewußtseinsfähigen, aber gut meßbaren Hirnvorgängen zu schauen, die eindeutig mit der Einleitung von Willkürhandlungen zusammenhängen, und gleichzeitig zu versuchen, den Zeitpunkt eines bewußten Willensaktes zu messen. Gelingt beides, so läßt sich entscheiden, ob der bewußte Willensakt vor oder nach der Einleitung der Handlung auf der neuronalen Ebene erfolgt.

Der amerikanische Neurobiologie Benjamin Libet, selbst ein überzeugter Dualist (vgl. Libet 2005), führte Anfang der achtziger Jahre eine Untersuchung durch, die dieses Problem zu lösen schien (vgl. Libet u. a. 1983). Sein Experiment ist vielfach beschrieben worden (vgl. Libet 1985), es wird nach wie vor sowohl auf philosophisch-theoretischer als auch auf neurophysiologisch-psychologischer Seite intensiv diskutiert. Seither sind zudem einige Nachfolge-Experimente durchgeführt worden, die versuchen, offensichtliche Mängel des Libet-Experiments zu beheben. Deshalb wollen wir noch einmal in der gebotenen Kürze darauf eingehen.

Als charakteristischen, relativ leicht zu messenden Hirnprozeß benutzte Libet das *Bereitschaftspotential.* Dies ist – technisch gesprochen – ein langsames negatives Hirnpotential, das mit Hilfe des EEG vor allem über dem prämotorischen und supplementärmotorischen Areal des Gehirns registriert wird (vgl. Abb. 1-3), also über Hirnregionen, die mit der Handlungsvorbereitung und der Handlungskontrolle zu tun haben. Nach heutiger Auffassung entsteht das Bereitschaftspotential dadurch, daß sich eine größere Anzahl von corticalen Neuronen in den genannten Arealen in ihrer Aktivität synchronisiert und damit in ihrer Wirkung verstärkt. Das Bereitschaftspotential baut sich ein bis zwei Sekunden vor Beginn einer Willkürbewegung auf (vgl. Abb. 4) und gliedert sich in ein auf beiden Seiten des Gehirns registrierbares *symmetrisches Bereitschaftspotential*, das eher mit einer allgemeinen Handlungsintention zu tun hat, sowie in ein *lateralisiertes Bereitschaftspotential*, das die auszuführende Bewegung spezifisch vorbereitet und (zusammen mit entsprechenden Aktivitäten in anderen Hirnzentren) auslöst. Zu registrieren ist es auf der Gehirnseite, die den zu bewegenden Gliedmaßen (Arm, Hand, Finger, Bein) gegenüberliegt. Das Bereitschaftspotential muß eine bestimmte Aktivitätsschwelle erreichen, damit die Großhirnrinde über die Pyramidenbahn und die Motorsegmente des Rückenmarks eine Willkürbewegung auslösen kann. Normalerweise liegt das

Bereitschaftspotential im sogenannten Spontan-EEG in »verrauschter Form« vor und konnte bislang nur durch vielfache Mittelung sichtbar gemacht werden, d. h., die Messungen mußten vielfach wiederholt werden. Dies warf statistische Probleme auf, von denen noch die Rede sein wird. Es gibt aber inzwischen Verfahren, bei denen das Bereitschaftspotential direkt gemessen werden kann (Krauledat u. a. 2004).

Libet glaubte, ein Verfahren gefunden zu haben, um den Zeitpunkt des Willensaktes zu bestimmen. Hierzu wurden Versuchspersonen angewiesen, innerhalb einer bestimmten Zeit spontan den Entschluß zu fassen, die rechte Hand zu bewegen. Dabei blickten die Versuchspersonen auf eine Art Oszilloskop-Uhr, auf der ein Zeiger mit einer Periode von 2,56 Sekunden rotierte. Zu genau dem Zeitpunkt, an dem die Versuchspersonen den Entschluß zur Bewegung faßten, mußten sie sich die Position des rotierenden Zeigers auf der Uhr merken. In einer anderen Serie genügte es, sich zu merken, ob sie den Entschluß *vor* oder *nach* einem Stopp der Rotation gefaßt hatten. Bei all den Experimenten wurde das *symmetrische* Bereitschaftspotential gemessen. Die Experimente zeigten, daß das Bereitschaftspotential im Durchschnitt 550 bis 350 ms (minimal 150 ms und maximal 1025 ms) dem Willensentschluß *vorausging*, nicht mit ihm zeitlich zusammenfiel oder ihm etwa folgte. Dies schien zu zeigen, daß die Handlung durch das nicht bewußtseinsfähige Bereitschaftspotential und nicht durch den bewußten Willensakt eingeleitet wird. Dieser tritt erst auf, wenn die Handlung längst eingeleitet ist.

Diese Versuche wurden, wie bereits erwähnt, heftig diskutiert und in vielerlei Hinsicht kritisiert (vgl. dazu Libet 1985). Vor ein paar Jahren wurden sie deshalb von den beiden Psychologen P. Haggard und M. Eimer wiederholt (Haggard

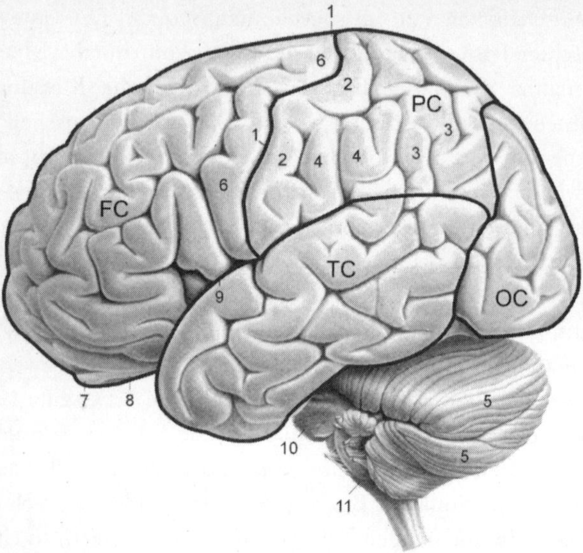

Abbildung 1: Seitenansicht des menschlichen Gehirns. Sichtbar sind die Großhirnrinde mit ihren typischen Windungen (Gyrus/Gyri) und Furchen (Sulcus/Sulci) und das ebenfalls stark gefurchte Kleinhirn. Abkürzungen: 1 Zentralfurche (Sulcus centralis); 2 Gyrus postcentralis; 3 Gyrus angularis; 4 Gyrus supramarginalis; 5 Kleinhirn-Hemisphären; 6 Gyrus praecentralis; 7 Riechkolben (Bulbus olfactorius); 8 olfaktorischer Trakt; 9 Sulcus lateralis; 10 Brücke (Pons); 11 Verlängertes Mark (Medulla oblongata). (Nach Nieuwenhuys u. a. 1991; verändert)

und Eimer 1999), allerdings mit einigen wichtigen Verbesserungen der experimentellen Anordnung. Zum einen registrierten Haggard und Eimer das spezifischere *lateralisierte* Bereitschaftspotential. Weiterhin führten sie eine »freie Wahl« (*free choice*) ein, in der sich die Versuchspersonen entscheiden konnten, die linke *oder* rechte Taste zu drücken. Insgesamt fanden Haggard und Eimer heraus, daß im Durchschnitt der Beginn des latera-

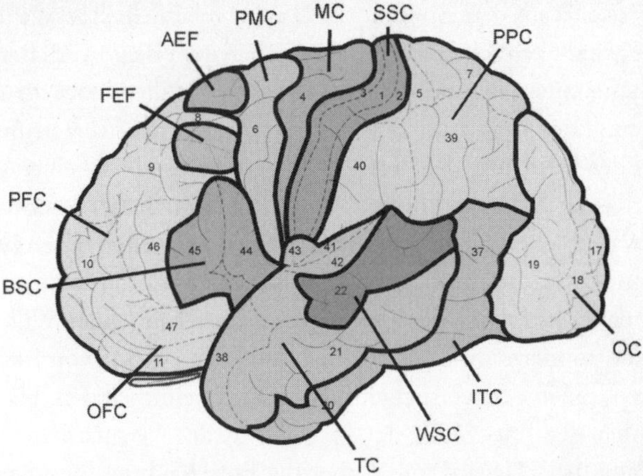

Abbildung 2: Anatomisch-funktionelle Gliederung der seitlichen Hirnrinde. Die Zahlen geben die übliche Einteilung in cytoarchitektonische Felder nach K. Brodmann an. Abkürzungen: AEF = vorderes Augenfeld; BSC = Brocasches Sprachzentrum; FEF = frontales Augenfeld; ITC = inferotemporaler Cortex; MC = motorischer Cortex; OC = occipitaler Cortex (Hinterhauptslappen); OFC = orbitofrontaler Cortex; PFC = präfrontaler Cortex (Stirnlappen); PMC = dorsolateraler prämotorischer Cortex; PPC = posteriorer parietaler Cortex; SSC = somatosensorischer Cortex; TC = temporaler Cortex (Schläfenlappen); WSC = Wernickesches Sprachzentrum. (Nach Nieuwenhuys u. a. 1991; verändert)

lisierten Bereitschaftspotentials signifikant dem subjektiven Moment des Willensentschlusses vorhergeht, und bestätigten somit im Grundsatz Libets Befunde.

Auch die Untersuchungen von Haggard und Eimer stießen auf methodische und inhaltliche Kritik. Besonders wichtig sind hierzu die Argumente des Marburger Psychologen und Neurophysiologen Frank Rösler (2004). Ihm zufolge ist es kaum möglich, bei der konventionellen Mittelung des Bereitschaftspotentials aus dem Spontan-EEG eine verläßliche Aussage über die genaue zeitliche Beziehung zwischen dem Beginn des Bereitschaftspotentials und dem Moment des Willensaktes zu machen. Dies liegt zum einen an systematischen Verzerrungen bei der Mittelung des Bereitschaftspotentials, die zu einer Vordatierung führen und damit den Willensakt später erscheinen lassen, als er tatsächlich stattfindet. Schwierigkeiten treten zweitens bei der Bestimmung des Willensaktes auf. Problematisch ist dabei nicht nur die introspektive Datierung eines Willensaktes, sondern auch die Überlagerung einer Reihe von Aktivitäten, die in den Versuchen nicht klar getrennt werden. Hierzu zählen der Entschluß, der Instruktion des Versuchsleiters zu folgen, bei Haggard und Eimer die Entscheidung für eine der beiden Optionen, die Auslösung der Handlung, zu der man sich entschieden hat, und schließlich die Beobachtung und Bestimmung des Zeitpunktes, zu dem der Willensakt stattgefunden hat. Es ist nach Rösler nicht zu erwarten, daß auf diese Weise eine genaue Datierung des Willensaktes zustande kommt.

Mittlerweile gibt es allerdings eine Reihe von Fortschritten, die zur Lösung einiger der genannten Probleme führen könnten. Zum einen existieren inzwischen computergestützte Auswertungsverfahren, die eine Mittelung über mehrere Durchgänge unnötig machen, da das Bereitschaftspotential direkt gemessen werden kann. Mit Hilfe dieser Verfahren kann man bereits heute vergleichsweise genaue Prognosen über bevorstehende Handlungen machen (Krauledat u. a. 2004).

Außerdem haben Stadler und Mitarbeiter ein Verfahren entwickelt, das die objektive Bestimmung des bewußten Willensaktes erlauben könnte (Stadler u. a. 2007). Die Autoren stellten fest, daß bei der Mittelungsprozedur zur Gewinnung des langsamen Bereitschaftspotentials aus dem EEG eine wichtige

»schnelle« Komponente, die sogenannte P300, durch Filterung herausfällt. Die P300 ist ein positives Hirnpotential von relativ kurzer Dauer, das vor allem dann auftritt, wenn ein Reiz oder Ereignis als abweichend, unerwartet bzw. überraschend wahrgenommen wird. Sie stimmt mit dem Zeitpunkt überein, an dem dieser Reiz bewußt wird. Die P300 tritt aber auch bei einem deutlichen Wechsel geistiger Aktivität auf. Es spricht daher einiges dafür, daß die P300 den Zeitpunkt widerspiegelt, an dem die Synchronisation der supplementär- und prämotorischen sowie der motorischen Neurone die kritische Aktivitätsschwelle überschritten hat und dies als »Willensakt« bewußt wird. Dies stimmt mit dem überein, was inzwischen über die generellen Bedingungen des Bewußtwerdens einer corticalen Aktivität bekannt ist, nämlich daß eine bestimmte Anzahl corticaler Pyramidenzellen durch Synchronisation eine bestimmte Aktivitätsschwelle überschreiten muß.

Die Befunde von Stadler und Mitarbeitern würden damit das Abschätzen des Zeitpunkts des Willensaktes anhand eines rotierenden Zeigers überflüssig machen und damit einen der kritischsten Punkte der Libetschen Methodik beseitigen. Auch die Untersuchungen von Stadler sprechen übrigens dafür, daß dasjenige, was wir kurz vor einer Handlung als Willensakt empfinden, deutlich *nach* dem Beginn des lateralisierten Bereitschaftspotentials auftritt – *nachdem* Neurone im prämotorischen und motorischen Cortex begonnen haben, sich in spezifischer Weise zu synchronisieren und dadurch die Aktivierungsschwelle überschreiten.

Es bleibt jedoch die Frage, welche Beweiskraft generell die »Libet-artigen« Experimente innerhalb der Debatte um die Willensfreiheit haben. So wird diskutiert, ob es sich bei dem von Libet und anderen Forschern gemessenen Willensakt wirklich um eine echte Entscheidung und nicht vielmehr nur um das bloße Auslösen eines längst gefaßten Handlungsplans handelt. Die Frage nach der Selbstbestimmung betrifft aber genau diesen Handlungsplan, d. h. die Erwägung der unterschiedlichen Handlungsoptionen auf der Basis der eigenen Präferenzen und schließlich die Festlegung auf eine dieser Varianten. Eine Widerlegung der Fähigkeit zur Selbstbestimmung in dem oben beschriebenen Sinne wird man daher aus den »Libet-artigen« Experimenten sicherlich nicht ableiten können. Auf der anderen Seite fügen sich die Ergebnisse dieser Experimente – so einfach sie sind – gut in das ein, was die Neurobiologie ebenso wie die Handlungspsychologie über die Vorbereitung und Steuerung von Willkürhandlungen herausgefunden hat. Wir werden diesen Punkt im folgenden noch diskutieren.

Handlungsvorbereitung und -steuerung aus neurobiologischer Sicht

Die Handlungspsychologie geht davon aus, daß Handlungsvorbereitung und -steuerung nicht in einem »obersten Steuerungszentrum« erfolgen, sondern als ein multi-zentrales und multi-faktorielles Geschehen betrachtet werden müssen (Goschke 2003, 2005). Dies entspricht neuen Einsichten der Neurobiologie (vgl. Abb. 2-8): Handlungssteuerung erfordert das Zusammenwirken bewußt und unbewußt arbeitender *corticaler*, d. h. in der Großhirnrinde angesiedelter motorischer und prämotorischer Zentren einerseits und prinzipiell unbewußt arbeitender *subcorticaler*, d. h. außerhalb der Großhirnrinde lokalisierter Areale andererseits. Auf corticaler Ebene sind dies der primäre motorische Cortex, der für die detaillierte Muskel-

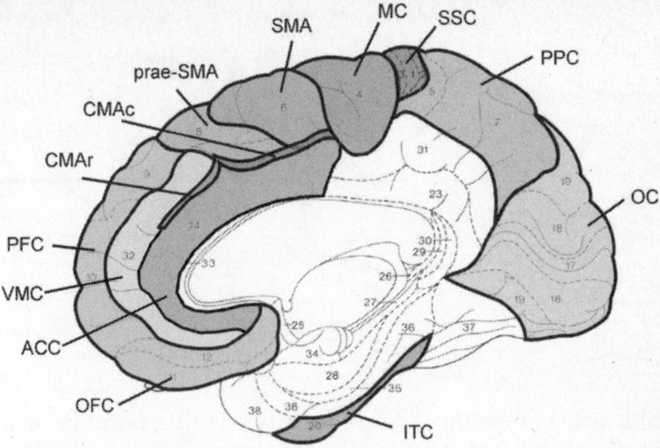

Abbildung 3: Anatomisch-funktionelle Gliederung der zur Mittellinie gelegenen Hirnrinde. Abkürzungen: CMAc = caudales cinguläres motorisches Areal; CMAr = rostrales cinguläres motorisches Areal; ITC = inferotemporaler Cortex; MC = motorischer Cortex; OC = occipitaler Cortex (Hinterhauptslappen); OFC = orbitofrontaler Cortex; prae-SMA = präsupplementärmotorisches Areal; PFC = präfrontaler Cortex (Stirnlappen); PPC = posteriorer parietaler Cortex; SMA = supplementärmotorisches Areal; SSC = somatosensorischer Cortex. (Nach Nieuwenhuys u. a. 1991; verändert)

ansteuerung zuständig ist, sowie der laterale prämotorische und der mediale supplementärmotorische (SMA) und präsupplementärmotorische Cortex (prae-SMA), die mit den Handlungsintentionen und dem globaleren Handlungsablauf zu tun haben (Abb. 2 und 3). Beide sind auch aktiv, wenn man sich Bewegungen nur *vorstellt*. Der präsupplementärmotorische Cortex muß zudem aktiv sein, damit das Gefühl auftritt, daß man eine bestimmte Bewegung auch *gewollt* hat (Lau u. a. 2004). Bei der Handlungsvorbereitung wirken prae-SMA und SMA parallel auf den prämotorischen und den motorischen Cortex ein. Dieser

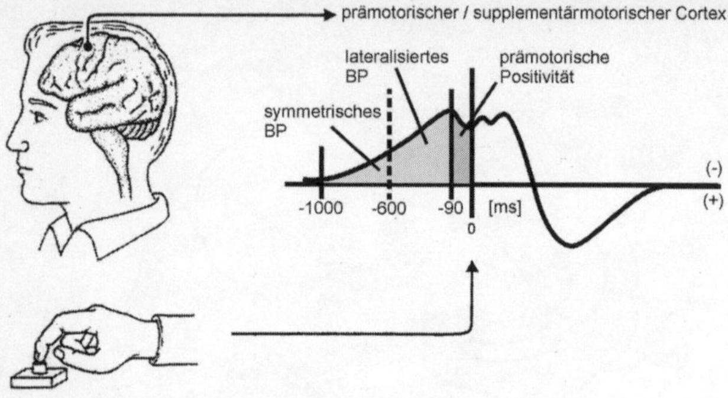

Abbildung 4: Entstehung des Bereitschaftspotentials: Neurone im dorsolateralen und supplementärmotorischen Cortex beginnen ca. 1000 Millisekunden vor einer willkürlichen Fingerbewegung aktiv zu werden. Zuerst entsteht das *symmetrische* Bereitschaftspotential, ca. 600 Millisekunden vor der Bewegung beginnt der Aufbau des *lateralisierten* Bereitschaftspotentials. Die motorischen Neurone, welche die eigentliche Bewegung steuern, feuern ca. 90 Millisekunden vor Bewegungsbeginn (= Zeitpunkt 0). Weitere Erläuterungen im Text. (Nach Kandel u. a. 1996; verändert)

aktiviert dann über die Pyramidenbahn motorische Rückenmarkssegmente, die ihrerseits mit den Muskeln verbunden sind, welche die Bewegung in Gang setzen.

Vorgeschaltet sind dem prae-SMA und dem SMA diejenigen Cortexareale, die mit *bewußter* Handlungsplanung und -vorbereitung zu tun haben und deshalb *exekutiv* genannt werden. Dies sind der posteriore parietale Cortex, der dorsolaterale präfrontale sowie der orbitofrontale, ventromediale und anteriore cinguläre Cortex. Der posteriore parietale Cortex hat mit der Kontrolle räumlicher Aufmerksamkeit, mit dem Körperschema, der Lage des Körpers im Raum, mit Auge-Hand-Koordination und mit der Vorbereitung und Kontrolle gezielter Blick- und Greif-

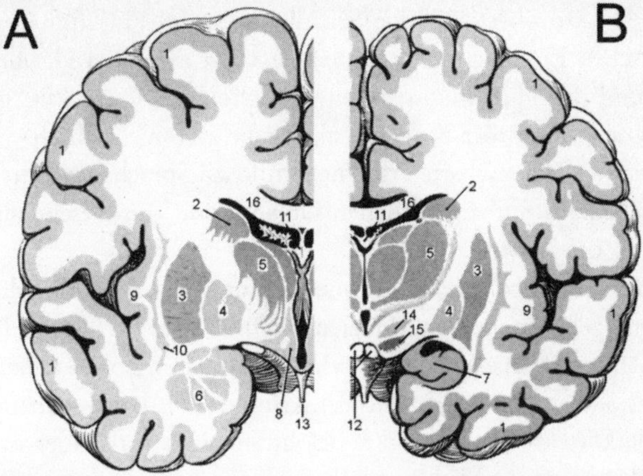

Abbildung 5: Querschnitt durch das menschliche Gehirn. (A) Querschnitt auf Höhe des Hypothalamus, der Amygdala und des Striato-Pallidum; (B) Querschnitt auf Höhe des Thalamus und des Hippocampus. 1 Neocortex; 2 Nucleus caudatus; 3 Putamen; 4 Globus pallidus; 5 Thalamus; 6 Amygdala; 7 Hippocampus; 8 Hypothalamus; 9 Insulärer Cortex; 10 Claustrum; 11 Fornix (Faserbündel); 12 Mammillarkörper (Teil des Hypothalamus); 13 Infundibulum (Hypophysenstiel); 14 Nucleus subthalamicus; 15 Substantia nigra; 16 Balken (Corpus callosum). (Nach Kahle, 1976; verändert)

bewegung zu tun. Patienten mit Verletzungen im posterioren parietalen Cortex haben zwar keine kognitiven oder emotional-affektiven Defizite, sie sind aber nicht mehr in der Lage, gezielte Greifbewegungen durchzuführen. Dieser Teil des Cortex steht in enger Beziehung mit dem dorsolateralen präfrontalen, supplementärmotorischen und prämotorischen Cortex. Der dorsolaterale präfrontale Cortex (PFC) ist der Sitz des Arbeitsgedächtnisses, er spielt eine zentrale Rolle für die Situationsbeurteilung; hier finden das rationale Abwägen und die zeitliche Planung dessen statt, was aktuell zu tun ist. Anatomische und physiologische Schädigungen des PFC führen zu typischen Einbußen in der Intelligenz, der mentalen Flexibilität und der Handlungsplanung (Förstl 2002). Zum PFC gehört auch das Broca-Sprachareal, das die grammatikalisch-syntaktischen Eigenschaften der menschlichen Sprache vermittelt, die ebenfalls mit der zeitlichen Organisation von Geschehnissen zu tun haben.

Der orbitofrontale, ventromediale und anteriore cinguläre Cortex gehören alle zum frontalen *limbischen* Cortex. Hier finden das Abwägen der eigenen Wünsche und Handlungspläne anhand emotionaler und sozial-ethischer Kriterien, Risikoabschätzung, Fehlerkorrektur und bewußte Belohnungserwartung, aber auch die Repräsentation von Handlungszielen statt (Bechara u. a. 1995, 1997, Carter u. a. 1998; Davidson und Irwin 1999, Anderson u. a. 1999, Gehring und Knight 2000, Haynes u. a. 2007). Eine wesentliche Funktion des orbitofrontalen und ventromedialen Cortex (OFC/VMC) besteht in der Kontrolle impulsiven, individuell-egoistischen Verhaltens, das von subcorticalen limbischen Zentren vermittelt wird. Schädigungen im OFC/VMC führen zum Verlust der Fähigkeit, den sozial-kommunikativen Kontext, z. B. die Bedeutung von Szenendarstellungen oder die Mimik von Gesichtern, zu erfassen (Kolb und Whishaw 1993). Patienten mit solchen Schädigungen sind unfähig, längerfristige positive oder negative Konsequenzen ihrer Handlungen vorauszusehen, wenngleich unmittelbare Belohnung oder Bestrafung von Aktionen ihr weiteres Handeln beeinflussen können. Orbitofrontaler, ventromedialer und anteriorer cingulärer Cortex sind die corticalen »Endstationen« der ventralen limbischen Schleife. Der OFC benötigt die längste Entwicklungszeit und ist erst im Alter von 16-20 Jahren einigermaßen »ausgereift«.

Die wichtige Erkenntnis neuerer Forschung lautet nun, daß

diese exekutiven und limbischen frontalen und parietalen Areale der Großhirnrinde nicht (auch nicht zusammen) in der Lage sind, den prämotorischen und supplementärmotorischen und schließlich den primären motorischen Cortex so zu aktivieren, daß diese Areale über die Pyramidenbahn und Schaltstellen im verlängerten Mark und Rückenmark eine bestimmte Bewegung auslösen. Vielmehr müssen die außerhalb der Großhirnrinde im Endhirn, Zwischen- und Mittelhirn angesiedelten *Basalganglien* an diesem Aktivierungsprozeß mitwirken.

Die Funktion der Basalganglien

Die Basalganglien arbeiten – wie alle Zentren außerhalb der Großhirnrinde – völlig unbewußt. Im Endhirn gehören zu den Basalganglien das Striatum (»gestreifter Körper«), das sich seinerseits aus dem Nucleus caudatus und dem Putamen zusammensetzt, und der Globus pallidus (»bleiche Kugel«), der sich in einen inneren und einen äußeren Teil gliedert (Globus pallidus externus und internus, vgl. Abb. 5). Im Zwischenhirn (zu dem der Globus pallidus eigentlich gehört) kommt der Nucleus subthalamicus hinzu und im Mittelhirnboden (Tegmentum) die Substantia nigra pars compacta und pars reticulata (»schwarze Masse mit einem dichtgepackten und einem netzwerkartig lose gepackten Teil«). Die Basalganglien sind untereinander und mit der motorischen und exekutiven Großhirnrinde in einer spezifischen Weise verschaltet. Ihre Beteiligung ist nötig, um eine bestimmte Bewegung auszuführen. Dazu muß nämlich eine ganz bestimmte Sequenz von Muskelaktivierungen »freigeschaltet« werden, gleichzeitig ist es erforderlich, daß alle alternativen Sequenzen unterdrückt werden.

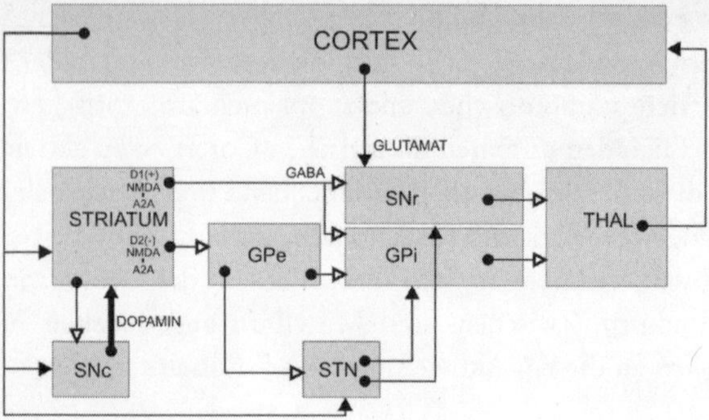

Abbildung 6: Verschaltung zwischen Cortex und Basalganglien bzw. innerhalb der Basalganglien. Exzitatorisch wirkende glutamaterge Einflüsse sind mit schwarzen Pfeilköpfen dargestellt, inhibitorische GABAerge mit offenen Pfeilköpfen. Dicker schwarzer Pfeil: dopaminerge Projektion von der Substantia nigra zum Striatum. Abkürzungen: A2A = Adenosin-Rezeptoren; D1/D2 = dopaminerge Rezeptortypen; GPe = Globus pallidus, äußerer Teil; GPi = Globus pallidus, innerer Teil; NMDA = glutamaterger Rezeptorentyp; SNc = Substantia nigra, pars compacta; SNr = Substantia nigra, pars reticulata; STN = subthalamischer Nucleus; THAL = Thalamus. (Aus Roth 2003)

Dies geschieht im Gehirn in einer komplizierten Weise, die hier nur vereinfacht dargestellt werden kann (für Details s. Roth 2003; Roth und Dicke 2005b). Das Grundprinzip besteht darin, daß die Großhirnrinde auf vielen parallelen Bahnen Erregungen vornehmlich zum dorsalen Striatum als Eingangsstruktur der Basalganglien schickt. Die Basalganglien wirken mit ihrem Ausgang (Substantia nigra pars reticulata und Globus pallidus internus, vgl. Abb. 6 und 8) hemmend auf thalamische Kerne ein, die ihrerseits erregende Bahnen zurück zum Cortex schicken, und zwar zu all den Teilen, von denen die Bahnen vom Cortex zu den Basalganglien ihren Ausgang nahmen. Wir haben hier also eine in sich zurücklaufende Erregungsschleife zwischen

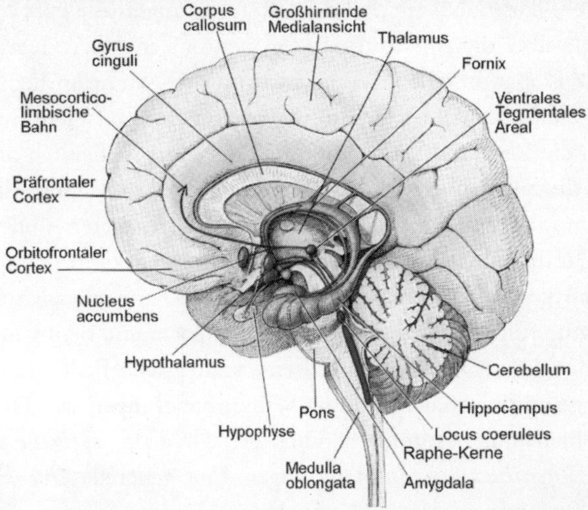

Abbildung 7: Längsschnitt durch das menschliche Gehirn mit den wichtigsten limbischen Zentren. Diese Zentren sind Orte der Entstehung von positiven (Nucleus accumbens, ventrales tegmentales Areal) und negativen Gefühlen (Amygdala), der Gedächtnisorganisation (Hippocampus), der Aufmerksamkeits- und Bewußtseinssteuerung (basales Vorderhirn, Locus coeruleus, Thalamus) und der vegetativen Funktionen (Hypothalamus). (Aus Roth 2003)

Cortex–Basalganglien–Thalamus–Cortex vor uns, bei der den Basalganglien eine wichtige Ventil- und Kontrollfunktion zukommt. Dies wird »dorsale Schleife« genannt.

Innerhalb der Basalganglien finden wir ein kompliziertes System von Hemmung und Erregung vor (vgl. Abb. 6): Das Striatum hemmt die beiden Anteile der Substantia nigra und des Pallidums, und diese hemmen die thalamischen Kerne. In diese doppelte Hemmung sind aber zwei Enthemmungs-Mechanismen eingebaut, von denen uns nur einer interessiert. Er besteht darin, daß ein Teil der Substantia nigra (die pars compacta) über die Ausschüttung der neuronalen Überträgersubstanz Dopamin einen Teilmechanismus des Striatum hemmt. Die Hemmung einer Hemmung erzeugt eine Ent-Hemmung, d. h. die Lockerung einer Bremse. Dies führt schließlich dazu, daß die Substantia nigra pars reticulata und das Pallidum ihre Hemmung auf die thalamischen Kerne reduzieren und der Thalamus nun seinerseits den Cortex erregen kann. Entsprechend kommt diesem Enthemmungs-Mechanismus zwischen Striatum und Substantia nigra pars compacta und dem von ihr produzierten Dopamin-Signal eine strategische Bedeutung in der gesamten Steuerung von Willkürhandlungen zu. Dieser Mechanismus bestimmt nämlich den Grad der *Freigabe* und der *Unterdrückung* von Handlungen. Eine generelle *Absenkung* des Dopaminspiegels, z. B. durch das Absterben dopaminproduzierender Neurone in der Substantia nigra pars compacta, führt entsprechend zu einer Verarmung oder gar zu einem völligen Stillstand der Willkürmotorik, wie dies im Spätstadium der Parkinson-Krankheit der Fall ist.

Über die Gesamtfunktion der Basalganglien herrscht noch keine völlige Klarheit. Eine weithin akzeptierte Auffassung lautet, daß die dorsalen Bereiche der Basalganglien eine Art *Handlungsgedächtnis* darstellen, in dem alle bisher erfolgreich ausgeführten Bewegungsarten gespeichert sind. Erregungszustände in der Großhirnrinde im Zusammenhang mit Handlungsplanung und -vorbereitung laufen vor der eigentlichen Ausführung der Handlung zu den dorsalen Bereichen der Basalganglien und werden dort mit dem Handlungsgedächtnis abgeglichen. Dabei wird offenbar geprüft, in welcher bewährten Weise die in der Großhirnrinde realisierten bewußten Intentionen umgesetzt werden können. Das Resultat dieses Abgleichs läuft dann über die thalamischen Umschaltkerne zur Großhirnrinde zurück. Dabei wird in den Basalganglien durch Hemmung und selektive Enthemmung *diejenige Handlung* bestimmt, die in diesem Augenblick und in dieser Weise den vorgegebenen Intentionen am besten entspricht. Ohne diesen subcorticalen Abgleich in den Basalganglien können Willkürhandlungen nicht cortical gestartet werden. Offensichtlich wird dieser Prozeß unmittelbar vor Beginn einer Willkürhandlung mehrfach durchlaufen und schlägt sich im Aufbau des corticalen Bereitschaftspotentials nieder, das Willkürbewegungen spezifisch vorhergeht, wie wir bereits gehört haben (Kornhuber und Deecke 1965, Lang u. a. 1991, Cunnington u. a. 1997, Brunia und van Boxtel 2000).

Emotion, Motivation und Handlung

Wodurch wird nun festgelegt, welche Bewegungssequenz die Basalganglien selektiv freischalten sollen? Zum einen kommt diese Information von den exekutiven und prämotorisch-motorischen Zentren der Großhirnrinde. Ein Glas Limonade steht vor mir. Ich habe jetzt den bewußten Wunsch, etwas zu trinken, und dieser Wunsch wird durch die Areale des Frontalcortex (PFC, OFC/VMC) vermittelt und in seinen möglichen Aspekten und Konsequenzen erwogen (»Ist es jetzt angebracht, nach dem Glas Limonade vor mir zu greifen? Wie viele Gläser Limonade habe ich schon getrunken? Ist die Limonade vielleicht inzwischen zu warm, oder ist sie zu süß? Will eine andere Person vielleicht das Glas Limonade trinken?«). Eine Entscheidung wird getroffen, und dies führt zur Aktivierung des prae-SMA und zu dem Entschluß »Jetzt greife ich nach dem Glas Limonade vor mir!«.

Woher kommt aber der Wunsch, Limonade zu trinken? Im

einfachsten Fall könnte es sein, daß ich durstig bin. Das Durstgefühl hat seinen Ursprung in Zentren des Hypothalamus, die ihrerseits den Wasserhaushalt unseres Körpers überwachen. Der Hypothalamus »meldet« dies in Wechselwirkung mit anderen limbischen Zentren der Großhirnrinde, und so entsteht das Gefühl, durstig zu sein, das in der gegebenen Situation zu dem Bedürfnis oder Wunsch führt, Limonade zu trinken. Es kann aber auch sein, daß ich gar keinen rechten Durst habe, sondern trinke, weil alle trinken oder weil ich meine Langeweile überspielen will. Es kann sich auch um eine besonders gute Limonade handeln, die ich selten angeboten bekomme. Hier kommen Informationen aus Zentren des limbischen Systems ins Spiel, die mit Erinnerungen an positive Ereignisse oder soziale Regeln zu tun haben, und diese werden ebenso bewußt, wenn Erregungen aus diesen Zentren in die Großhirnrinde dringen.

Die oben beschriebene dorsale Schleife muß also sowohl mit ihren corticalen als auch ihren subcorticalen Anteilen mit limbischen Zentren in Verbindung stehen, die mit dem »emotionalen Erfahrungsgedächtnis« für positive oder negative individuelle und soziale Erfahrungen zu tun haben und dadurch die Grundlage unseres *Motivationssystems* bilden. Diese Verbindung wird die *ventrale Schleife* genannt, denn sie umfaßt ventrale Anteile des Striatum, des Globus pallidus, der Substantia nigra und des Nucleus subthalamicus, die mit anderen limbischen Arealen in enger Beziehung stehen. Dabei handelt es sich vornehmlich um die Amygdala, den Hippocampus und das mesolimbische System, die ihrerseits mit vielen anderen limbischen Zentren wechselwirken, auf die hier nicht genauer eingegangen werden kann. Auch die genannten Zentren sollen nur kurz geschildert werden (für einen ausführlicheren Überblick siehe Roth und Dicke 2005b).

Die *Amygdala* ist im menschlichen Gehirn am inneren unteren Rand des Temporallappens angesiedelt (vgl. Abb. 5) und nimmt eine zentrale Rolle beim Entstehen und bei der Steuerung von Emotionen ein (LeDoux 1998, Aggleton 2000, Roth 2003, Roth und Dicke 2005b). In ihren einzelnen Arealen erfüllt sie vielfältige Funktionen. Die *zentrale* Amygdala spielt eine wichtige Rolle bei der Streßregulation. Sie steht ebenso wie der eng mit ihr verbundene Hypothalamus mit den vegetativen und viszeralen (d. h. die Eingeweide innervierenden) Zentren in Verbindung, und beide regulieren vegetative Reaktionen wie Blutdruck, Atemfrequenz, Schlafen und Wachen, den Grad der inneren Erregung und in diesem Zusammenhang auch alle affektiven, d. h. starken emotionalen Zustände wie Wut, Panik, Erstarren und Flucht. Die zentrale Amygdala ist auch der Ort einfacher emotionaler Konditionierung. Die *corticomediale* Amygdala hingegen hat mit Gerüchen, einschließlich der sogenannten Pheromone zu tun, die eine wichtige Rolle beim Entstehen und der Regulation von Sympathie und Antipathie spielen. Der größte Teil des Amygdala-Komplexes wird von der *basolateralen* Amygdala gebildet, die der Ort komplexerer emotionaler Konditionierung ist. Beide Arten der Konditionierung laufen allerdings primär unbewußt ab und werden erst dadurch bewußt, daß Erregungen von der Amygdala in die bewußtseinsfähige Großhirnrinde dringen. Bei nichtmenschlichen Säugern besteht die Funktion der Amygdala vornehmlich in der Erzeugung und Regulation angeborener und erlernter Furcht, beim Menschen ist sie auch an nicht furchtbedingten oder gar positiv besetzten (appetitiven) Zuständen beteiligt, u. a. im Zusammenhang mit Lernen und Gedächtnisbildung (Robbins und Everitt 1995, Cahill und McGaugh 1998, Rolls 1999).

Eng verbunden mit der basolateralen Amygdala ist der Hip-

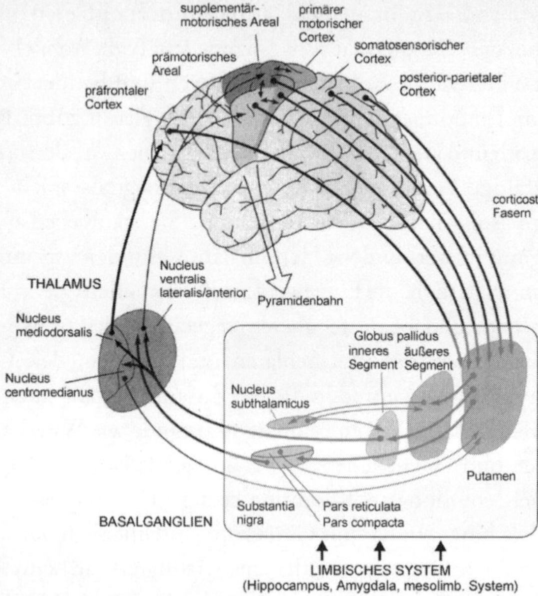

Abbildung 8: Steuerung der Willkürmotorik. Nervenbahnen (corticostriäre Fasern) ziehen von verschiedenen Teilen der Großhirnrinde (präfrontaler Cortex, motorischer, prämotorischer und supplementärmotorischer Cortex, somatosensorischer Cortex, posteriorer parietaler Cortex) zu den Basalganglien, von dort zum Thalamus und schließlich zurück zum präfrontalen, motorischen, prämotorischen und supplementärmotorischen Cortex. Vom motorischen und prämotorischen Cortex aus zieht die Pyramidenbahn zu Motorzentren im Rückenmark, die unsere Muskeln steuern. Bewußt (im Stirnhirn) geplante Handlungen gelangen über die Pyramidenbahn nur dann zur Ausführung, wenn sie vorher die »Schleife« zwischen Cortex, Basalganglien und Thalamus durchlaufen haben und hierbei die unbewußt arbeitenden Basalganglien der beabsichtigten Handlung »zugestimmt« haben. Die Basalganglien ihrerseits werden von Zentren des limbischen Systems kontrolliert, in denen die individuelle Lebenserfahrung gespeichert ist. (Aus Roth 2003)

pocampus (vgl. Abb. 6). Bei ihm handelt es sich ebenso wie bei der basolateralen Amygdala um einen stammesgeschichtlich älteren Teil der Großhirnrinde (*Allocortex* genannt). Der Hippocampus ist der »Organisator« des bewußtseinsfähigen und im Prinzip sprachlich erfaßbaren deklarativen Gedächtnisses, das seinerseits das Erlebnis- und das Wissensgedächtnis umfaßt und seinen Sitz in der sechsschichtigen Großhirnrinde hat (dem sogenannten *Neo-* oder *Isocortex*). Der Hippocampus steht mit diesem Neocortex in engster Verbindung und legt (natürlich in Zusammenarbeit mit vielen anderen subcorticalen Zentren) fest, welche kognitiven Inhalte in welcher Form in welchen »Schubladen« des deklarativen Gedächtnisses abgelegt werden; damit wird auch die Art und Weise des Abrufs der Inhalte bestimmt. Besonders wichtig ist der Hippocampus für das *Kontextgedächtnis*. Ein Ausfall des Hippocampus führt daher zu schweren Gedächtnisstörungen (Markowitsch 2002).

Basolaterale Amygdala und Hippocampus arbeiten bei der emotionalen Konditionierung in der Weise zusammen, daß die Amygdala das Aufregende und Bedrohliche an einem Geschehen oder Objekt kodiert, ohne präzise Informationen hierüber zu geben, während der Hippocampus die Details als Kontext »unemotional« hinzufügt. Diese Arbeitsteilung zwischen Amygdala und Hippocampus ist insbesondere bei der Kontextkonditionierung wichtig, wobei wir lernen, daß bestimmte furchterregende Geschehnisse in einem gewissen Kontext passieren, der für das zukünftige Vermeidungsverhalten wichtige Informationen enthält (man vermeidet Situationen oder Gegenden, die denjenigen ähnlich sind, in welchen man eine schlechte Erfahrung gemacht hat).

Ein »Gegenspieler« der Amygdala ist das *mesolimbische System*, das aus dem ventralen tegmentalen Areal (VTA), dem lateralen Hypothalamus, dem Nucleus accumbens und angrenzenden ventralen Teilen des Striatum und Pallidum besteht. Das mesolimbische System dominiert bei der Registrierung, Verarbeitung und Voraussage natürlicher Belohnungsereignisse und stellt zugleich einen wichtigen Teil des zerebralen Belohnungssystems dar, und zwar im Zusammenhang mit der Ausschüttung der sogenannten hirneigenen Drogen, der Endorphine und Enkephaline, die in uns freudige Erregung und Lustgefühle erzeugen. Diese Vorgänge stehen im Zusammenhang mit einem komplizierten System der Belohnungserwartung und Belohnungsregistrierung, an dem auf bewußter Ebene auch der anteriore cinguläre Cortex beteiligt ist (siehe oben).

Das mesolimbische System stellt sicher, daß alles, was wir tun, danach überprüft wird, ob die Belohnungserwartungen, die mit der Tat verbunden waren, auch tatsächlich eingetreten sind. Die mögliche Übereinstimmung oder Differenz wird dann im Belohnungsgedächtnis abgespeichert. Diese Überprüfung bildet die Grundlage der *Motivation*, die im wesentlichen auf Belohnungserwartungen beruht: Wir tun in der Regel etwas deshalb, weil wir davon bewußt oder unbewußt irgendeine Art von Belohnung erwarten – z. B. unmittelbaren Lustgewinn, späteren Ruhm und Profit oder auch die Abwendung von drohendem Schaden. Für diese Belohnungserwartung und damit das Motivationssystem spielt ebenso wie für das motorische Antriebssystem die Ausschüttung von Dopamin eine zentrale Rolle: Das motivierende Dopamin wird von Zellen im ventralen tegmentalen Areal produziert und dann parallel zum Nucleus accumbens, zur Amygdala, zum Hippocampus und zum dorsolateralen und orbitofrontalen Cortex geleitet.

Amygdala, mesolimbisches System und Hippocampus bilden dementsprechend zusammen das *zentrale Bewertungssystem* unseres Gehirns. Dieses System prüft alles, was durch uns und mit uns geschieht, danach, ob es gut/vorteilhaft/lustvoll war und daher wiederholt werden sollte, oder schlecht/nachteilig/schmerzhaft und somit zu meiden ist. Es beginnt bereits lange vor der Geburt zu arbeiten und legt diese Bewertungen im *emotionalen Erfahrungsgedächtnis* nieder, das weitgehend unbewußt arbeitet. In jeder Situation wird vom limbischen System geprüft, ob diese Situation bereits bekannt ist bzw. einer früheren sehr ähnelt, und welche Erfahrungen wir damit gemacht haben.

Wie wirkt dieses Erfahrungsgedächtnis auf die Handlungsentscheidung ein?

Amygdala, Hippocampus und mesolimbisches System als Träger des emotionalen Erfahrungsgedächtnisses wirken über die »ventrale« Schleife teils direkt, teils indirekt auf die exekutiv-motorische »dorsale« Schleife ein. Zum einen wirkt die Amygdala *erregend* teils direkt, teils über den Thalamus auf den limbischen (d. h. orbitofrontalen, ventromedialen und anterioren cingulären) Cortex ein, der seinerseits *hemmend* auf die Amygdala zurückwirkt – dies ist ein wichtiger Teil des corticalen Impulshemmungs-Systems. Ebenso beeinflussen Hippocampus und ventrales tegmentales Areal direkt oder über den Thalamus die genannten limbischen Cortexareale, die auch auf sie zurückwirken. Auf diese Weise ergibt sich ein erregendes und hemmendes Wechselspiel zwischen den negativen (Amygdala) und positiven (Nucleus accumbens und ventrales tegmentales Areal) Inhalten des subcorticalen emotionalen Erfahrungsgedächtnisses und dem Hippocampus als dem »Organisator« des kognitiven Erfahrungsgedächtnisses mit der limbischen Großhirnrinde.

Wir können uns also eine Wirkungskette vorstellen, die von der Amygdala und dem mesolimbischen System ausgeht; beide wirken auf die ventrale, limbische Schleife ein. Aus der Perspektive des Handelnden bewirkt dies im ersten Schritt das *Auftauchen von Wünschen, Absichten, Plänen* und der damit verbundenen Gefühle im Bewußtsein; entscheidend sind hierfür Aktivitäten im präfrontalen und orbitofrontalen Cortex des Stirnhirns. Hieran schließt sich meist eine kürzere oder längere Periode bewußten Abwägens der Wünsche und Absichten an, bis klar ist, was davon realisiert werden soll. Es folgt dann die Phase der *unmittelbaren Handlungsvorbereitung.* Hier nun setzt die oben geschilderte Interaktion zwischen Cortex und Basalganglien ein, die kurz vor dem intendierten Handlungsbeginn die *bewußten* Absichten mit den *unbewußten* Inhalten des limbischen Erfahrungsgedächtnisses abgleichen soll. Im positiven Fall beeinflußt dann das limbische System die dorsale Schleife, und es kommt zur Ausschüttung von Dopamin durch die Substantia nigra in das Striatum, was zu einer »Freischaltung« der dorsalen Schleife führt. Über die thalamischen Umschaltkerne wird dann der prämotorische und supplementärmotorische Cortex so aktiviert, daß sich zusammen mit den vom präfrontalen Cortex kommenden Erregungen *ein hinreichend hohes Bereitschaftspotential* aufbauen kann. Dieses führt schließlich zur *Aktivierung des motorischen Cortex* und über die Pyramidenbahn zur *Initiierung einer Willkürbewegung.* Dem folgen die Ausführung der Handlung und schließlich die Bewertung der Konsequenzen der Handlung durch das limbische System.

Wir erkennen also drei Phasen der Handlungsvorbereitung, nämlich erstens das Auftauchen von Wünschen und Plänen im

Bewußtsein, dem auf der neuronalen Ebene eine Erregung der Großhirnrinde durch Amygdala und mesolimbisches System entspricht. In der zweiten Phase findet das bewußte rational-emotionale Abwägen dieser Wünsche und Pläne statt, das durch einen kürzeren oder längeren Kreisprozeß zwischen Großhirnrinde und subcorticalem limbischem System realisiert wird. Schließlich kommt es zur Einleitung der Handlung bzw. Bewegung. Das limbische System und damit emotionale Faktoren haben also das »erste Wort«, nämlich beim Entstehen der Wünsche und Pläne, und das »letzte Wort« bei der Entscheidung darüber, ob das, was an Handlungsabsichten gereift ist, tatsächlich jetzt und so und nicht anders getan werden soll. Personale Motive spielen eine entscheidende Rolle in der zweiten Phase des Abwägens; indirekt sind sie zudem insofern wirksam, als die Emotionen hier als eine Art unbewußtes Erfahrungsgedächtnis wirken, in dem sich auch frühere Bewertungen bestimmter Handlungsoptionen wiederfinden. Es schließen sich die Ausführung der Handlung und die Bewertung ihrer Konsequenzen an.

Die hier geschilderte Abfolge entspricht dem in der Willens- und Handlungspsychologie bekannten »Rubikon-Modell«, das im Ablauf von Willenshandlungen folgende Phasen unterscheidet: (1) die realitätsorientierte Motivationsphase, (2) die Intentionsbildung, (3) die realisierungsorientierte, »präaktionale« Phase, (4) die aktionale Volitions- bzw. Handlungsphase und (5) die »postaktionale« Phase, die das Erzielte bewertet und für spätere Handlungen berücksichtigt (Heckhausen 1987, vgl. auch Gollwitzer 1987). Selbstverständlich tritt ein solcher »ausführlicher« Ablauf einer Willenshandlung nur gelegentlich auf. Häufig verändert sich nämlich dieser Ablauf dadurch, daß einzelne Phasen reduziert werden oder ganz fortfallen. So kann ein

Wunsch aufkommen, der unproblematisch ist (»Ich bin durstig und will jetzt das Glas Wasser vor mir trinken!«) und ohne große Intentionsbildung in die entsprechende Handlung (»Ich ergreife das Glas und trinke«) übergeht. Auch die anschließende Bewertung kann kurz und knapp ausfallen (»Das hat gut getan!«). Das Wichtige für den gegenwärtigen Kontext ist dabei, daß trotz aller Verkürzung und Automatisierung das Erleben der eigenen Autorschaft (»Ich bin es, der das wollte und getan hat!«) weiter vorhanden ist. Dies wird uns noch ausführlich beschäftigen.

5 Persönlichkeit und Willenshandlungen

Willenshandlungen sind, anders als Reflexe, Ausdruck unserer *Persönlichkeit.* Menschen zeigen in dem, was sie tun, ein zeitlich überdauerndes Grundmuster, und dies nennen wir eben ihre *Persönlichkeit.* Diese ist eine Kombination von Merkmalen des Temperaments, des Gefühlslebens, des Intellekts und der Art zu handeln, zu kommunizieren und sich zu bewegen, und Personen unterscheiden sich gewöhnlich untereinander in der Art dieser Kombination. Zur Persönlichkeit gehören insbesondere die stabilen Handlungsdispositionen oder *Gewohnheiten,* d. h. die Art und Weise, wie sich eine Person *normalerweise* verhält. Sofern diese Handlungsdispositionen durch die Person modifiziert werden können, zählen sie zu den oben beschriebenen »personalen Präferenzen«.[35]

Über die Frage, wie man die verschiedenen Anteile der Persönlichkeit mißt, ist in der Psychologie viel geforscht und gestritten worden. Die Mehrzahl der Persönlichkeitspsychologen geht inzwischen davon aus, daß es fünf Hauptgruppen von Persönlichkeitsmerkmalen gibt (die bekannten »big five«), nämlich Extraversion, Verträglichkeit, Gewissenhaftigkeit, Neurotizismus und Offenheit, die jeweils in positiver oder negativer Ausprägung auftreten können (vgl. Amelang und Bartussek 1997, Asendorpf 2005, Roth 2007). Diese Merkmalshauptgruppen sind allerdings rein statistisch, d. h. durch eine mehrfache faktorenanalytische Reduktion aus Tausenden von alltagspsychologischen Persönlichkeitsbeschreibungen gewonnen worden und haben sich schlicht empirisch bewährt. Unbeantwortet bleiben dabei zwei wichtige Fragen, nämlich erstens, ob bzw. in welchem Maße diese Persönlichkeitsmerkmale genetisch oder umwelt- bzw. erziehungsbedingt sind, und zweitens, wie sie im Gehirn verankert sind.

Die erste Frage hat jahrhundertelang neben der Philosophie auch ganz unterschiedliche empirische Disziplinen beschäftigt. Mittlerweile gewinnt eine bestimmte Sichtweise allerdings immer mehr an Bedeutung. Psychologische und neurobiologische Persönlichkeitsforscher gehen nämlich inzwischen davon aus, daß unsere Persönlichkeit durch *vier Hauptfaktoren* bestimmt wird (Roth 2007). Der *erste Hauptfaktor* sind die genetischen Prädispositionen. Hierbei handelt es sich teils um Gene und Gen-Komponenten, die innerhalb des »Normalbereichs« variieren, teils um solche, die für ein Verhalten verantwortlich sind, das als »abweichend« oder »abnorm« angesehen wird, wobei der Übergang meist fließend ist und die Unterscheidung zwischen »normal« und »abweichend« auch von gesellschaftlichen Konventionen abhängt. Diese genetischen Faktoren werden von Generation zu Generation weitergegeben, ändern sich jedoch jeweils individuell in ihrer Zusammensetzung und weichen auch in Details voneinander ab (so genannte »Gen-Polymorphismen«). Ihre Wirkung (»Expression«) hängt zudem sehr stark von epigenetischen Prozessen ab, d. h. von selektierenden, verstärkenden oder abschwächenden Faktoren außerhalb des Genoms in der Zelle.

Der *zweite Hauptfaktor* sind Eigentümlichkeiten der Hirnentwicklung, d. h. der Art, in der sich bestimmte für das Psychische zuständige Hirngebiete ausbilden oder fehlentwickeln. Häufig sind dies Fehlentwicklungen der Großhirnrinde, insbesondere des Frontalhirns oder des Hippocampus, seltener Defizite im Wachstum der anderen subcorticalen limbischen Zentren. Zu den entwicklungsbedingten Faktoren gehört auch der Grad der Ausbildung von Bahnen zwischen den limbischen

Zentren untereinander, z. B. zwischen Amygdala und Frontalhirn oder zwischen limbischen und kognitiven Zentren. Schließlich gehören dazu »Verdrahtungen« innerhalb der einzelnen limbischen Zentren, sofern diese sich nicht erfahrungsbedingt ausbilden. Beide Faktoren – Gene und Hirnentwicklung – legen wesentliche Anteile unserer Persönlichkeit fest und sind somit für die »angeborenen« Merkmale des Psychischen verantwortlich. Insbesondere bestimmen sie das *Temperament* einer Person ebenso wie große Teile ihrer spezifischen *Begabungen* einschließlich ihres *Intelligenzgrades*.

Der dritte Hauptfaktor umfaßt die vorgeburtlichen und frühen nachgeburtlichen affektiv-emotionalen Erlebnisse. Es gibt inzwischen sehr gute Belege dafür, daß vorgeburtliche Erlebnisse direkt oder über den Körper und das Gehirn der Mutter einen Einfluß auf das limbische System des Ungeborenen ausüben, insbesondere was starke Streßzustände betrifft, z. B. im Zusammenhang mit Alkohol-, Nikotin- und Drogenmißbrauch der Mutter, schwerer körperlicher Mißhandlung oder schweren psychischen Belastungen. Von besonderer Bedeutung sind die *Bindungserfahrungen* zwischen Säugling bzw. Kleinkind und Mutter (oder einer anderen primären Bezugsperson) und die ersten Erfahrungen mit dem sonstigen engeren sozialen Umfeld (Vater, Geschwister, Großeltern usw.). Hier kommt es zum einen darauf an, daß der Säugling bestimmte »Basiskompetenzen« besitzt, die ihn in die Lage versetzen, auf die Mutter so einzuwirken, daß sie dasjenige Verhalten zeigt, das für die weitere psychische Entwicklung des Säuglings unabdingbar ist. Zum anderen muß die Mutter ihrerseits über die Kompetenzen zu diesem Verhalten verfügen. Dies ist oft nicht der Fall, sofern die Mutter selbst über keine genügende Bindungserfahrung verfügt. Trifft das eine oder andere (oder gar beides) nicht zu, dann kann dies in der weiteren Entwicklung zu schweren Persönlichkeitsstörungen führen (vgl. dazu Strauss, Buchheim und Kächele 2002).

Der Säugling und das Kleinkind müssen die schwierige Balance zwischen Unabhängigkeit und Nähe, zwischen Trennung und Eins-Sein bewältigen. Fehlentwicklungen münden im Extremfall entweder im Narzißmus, d. h. einer krankhaften Übersteigerung des Ich, die in Selbstüberschätzung, ständiger Sucht nach Wunschbefriedigung bis hin zum Größenwahn enden kann, oder in einer Verkümmerung des Ich, die in einem völligen Rückzug, in Hilflosigkeit und Abhängigkeit von anderen zum Ausdruck kommt, oder in einem extremen Hin und Her zwischen Nähe und Distanz, wie es sich bei der Borderline-Persönlichkeitsstörung findet. Diese frühen »prägenden« Einflüsse der ersten Lebensjahre machen einen weiteren wichtigen Anteil unserer Persönlichkeit aus. Zusammen bilden die bisher genannten drei Faktoren die unbewußte Struktur unserer Persönlichkeit.

Im späteren Kindesalter und in der Jugend kommen dann als *vierter Hauptfaktor* die sozialisierenden Einflüsse im weiteren Sinne hinzu, und zwar über weitere Verwandte, Freunde, Schulkameraden, Lehrer und Kollegen. Hier erlernen wir die Orientierung an sozialen Normen. Unsere bewußte Persönlichkeit ist also immer eine *sozialisierte* Persönlichkeit. Sie entwikkelt sich vornehmlich im späteren Kindesalter, während der Pubertät und in den frühen Erwachsenenjahren teils im Rahmen der Vorgaben der zuvor genannten drei Faktoren, teils übernimmt diese sozialisierte Persönlichkeit Korrektur- und Hemmungsfunktionen und mildert den »Egoismus« der anderen Faktoren ab. Es wird allgemein angenommen, daß diese Art von Sozialisation sich im wesentlichen in den Grenzen abspielt, die die ersten drei Hauptfaktoren vorgeben. Menschen suchen sich – so lautet die Erkenntnis – diejenige soziale Umgebung, die zu ihrem Temperament und ihrer Persönlichkeit paßt, und nicht umgekehrt (Asendorpf 2004).

Wie sind diese Bereiche der Persönlichkeit im Gehirn verankert? Man kann idealtypisch im Gehirn mehrere Ebenen unterscheiden, auf denen bestimmte Persönlichkeitsmerkmale realisiert sind, die ihrerseits unsere Entscheidungen und Handlungen beeinflussen (Roth 2007).

Die unterste Ebene ist die *vegetativ-affektive Ebene*. Sie entwickelt sich ab der 7. Schwangerschaftswoche, also früher als alle anderen Ebenen und weit vor der Geburt. Sie wird von der limbischen Grundachse des Gehirns repräsentiert, die von vorn nach hinten Anteile der septalen Region (mediales Septum), die zentromediale Amygdala, die präoptisch-hypothalamische Region einschließlich der Hypophyse, das zentrale Höhlengrau und vegetativ-viszerale Zentren des Hirnstamms (Mittelhirn, Brücke, verlängertes Mark) umfaßt. Sie sichert über die Kontrolle des Stoffwechselhaushalts, des Kreislauf-, Temperatur-, Verdauungs- und Hormonsystems, der Nahrungs- und Flüssigkeitsaufnahme, des Wachens und Schlafens und der damit verbundenen Bewußtheitszustände unsere biologische Existenz. Ebenso werden durch diese Ebene unsere spontanen affektiven Verhaltensweisen und Empfindungen wie Angriffs- und Verteidigungsverhalten, Dominanz- und Paarungsverhalten, Flucht und Erstarren, Aggressivität, Wut usw. gesteuert. Die von dieser Ebene ausgehenden Antriebe und Affektzustände bilden unser stammesgeschichtliches Erbe. Sie machen in ihrer individuellen Ausformung das *Temperament* eines Menschen und seine grundlegende Triebstruktur aus. Sie sind durch Erfahrung und willentliche Kontrolle im Grundsatz nur wenig beeinflußbar, allerdings können sie in ihrer Wirksamkeit eingeschränkt oder neutralisiert werden.

Die zweite, darüber angeordnete Ebene ist die Ebene der (primär unbewußten) *emotionalen Konditionierung*. Hieran sind vornehmlich die Amygdala und das mesolimbische System beteiligt. Die Amygdala, insbesondere der basolaterale Kernbereich, ist wie geschildert der Ort der erfahrungsabhängigen Verknüpfung negativer oder neuartiger Ereignisse mit Gefühlen der Furcht, Angst, Abwehr und Überraschung. Interaktionspartner und gleichzeitig Gegenspieler der Amygdala ist das mesolimbische System mit dem ventralen tegmentalen Areal (VTA), dem lateralen Hypothalamus, dem Nucleus accumbens und angrenzenden ventralen Teilen des Striatum und Pallidum. Wie bereits dargestellt, ist das mesolimbische System bei der Registrierung und Verarbeitung natürlicher Belohnungsereignisse aktiv; es bildet zum einen das zerebrale *Belohnungssystem* und zum anderen das *Motivationssystem*. Diese zweite Ebene repräsentiert die *unbewußte Grundlage der Persönlichkeit*, d. h. der erfahrungsbedingten Prinzipien der Interaktion mit uns und unserer unmittelbaren, persönlichen Umwelt. (Die zweite Ebene entspricht zusammen mit der ersten in etwa dem, was Freud das »Es« genannt hat.)

Die dritte, wiederum darüber angeordnete Ebene umfaßt die *limbischen Anteile der Großhirnrinde*. Hierzu gehören der insuläre, anteriore cinguläre, der orbitofrontale und der ventromediale Cortex. Der insuläre Cortex ist Verarbeitungsort des affektiven Körpergefühls einschließlich der affektiven Schmerzempfindung, der Eingeweidewahrnehmung (»Bauchgefühl«) und der Geschmacksempfindungen. Über die Funktionen des orbitofrontalen, ventromedialen und anterioren cingulären Cortex wurde bereits oben gesprochen. Diese Ebene ist die neuronale Grundlage unserer *bewußten individuellen* und *sozial vermittelten »Ich-Existenz«*, enthält aber – über die Funktionen des vorderen cingulären und orbitofrontalen Cortex – auch Aspekte dessen, was Freud als das »Über-Ich« bezeichnet hat. Die dieser Ebene zugeordneten neuronalen Prozesse haben wesentlich kontrollierende, impulshemmende und zensierende Funktionen gegenüber der zweiten, unbewußt arbeitenden limbischen Ebene. Die Strukturen auf dieser Ebene ermöglichen es uns zu lernen, daß kurzfristige Belohnungen nicht immer auch langfristig positiv sind, daß Anstrengungen, Opfer und »Durststrekken« sich oft auszahlen, daß Kompromisse geschlossen oder daß Rangfolgen von Präferenzen erarbeitet werden müssen.

Diesen drei limbischen Ebenen steht viertens die *kognitiv-kommunikative Ebene* der Großhirnrinde im engeren Sinne, des sechsschichtigen Neocortex, gegenüber, insbesondere dessen linke Hemisphäre. Die Entwicklung des Neocortex beginnt in den späten Phasen der vorgeburtlichen Entwicklung und reicht über das Jugendalter bis ins Erwachsenenalter hinein. Die kognitiv-kommunikative Ebene ist am weitesten von der unmittelbaren Handlungssteuerung entfernt (»Reden ist etwas anderes als Handeln«). Entsprechend – und zugleich überraschend – gibt es keine starken funktionalen Beziehungen zwischen dem dorsolateralen präfrontalen und dem orbitofrontalen Cortex, obwohl sie anatomisch eng benachbart sind.

Welchen Einfluß nehmen die Ebenen der Persönlichkeit auf die Steuerung von Willenshandlungen?

Die Steuerung von Willkürhandlungen stellt sich anhand des soeben präsentierten Modells der Struktur unserer Persönlichkeit als das Ergebnis der Arbeit eines *heterarchisch organisierten Netzwerkes* dar: Es gibt kein oberstes Zentrum, das alles – oder zumindest viele Abläufe – kontrolliert und nicht gleichzeitig unter Kontrolle anderer Zentren steht. Vielmehr besteht das Netzwerk aus vielen Zentren, die auf den genannten Ebenen angesiedelt sind und sich fast über das gesamte Gehirn verteilen. Sie arbeiten entlang der drei funktionalen Achsen »bewußt-unbewußt«, »rational-emotional« und »individuell-sozial« –, d. h. es gibt bewußte und unbewußte rationale und emotionale Entscheidungen im Rahmen rein individueller und sozialer Ziele – und natürlich auch Übergänge entlang dieser Achsen.

Entsprechend kann man zwischen drei Typen von Entscheidungen differenzieren: Dies sind erstens *spontan-affektive Entscheidungen* (»aus dem Bauch heraus«), die starke unbewußte Anteile haben. Hier dominiert die unterste limbische Ebene. Die ihnen zugrunde liegenden Antriebe »überfallen« uns in solchen Fällen und lassen sich nur schwer hemmen. Derartige Entscheidungen treten meist in Situationen starker emotional-affektiver Belastung (»fight or flight«) auf, in denen es kaum Zeit und Gelegenheit zum Reflektieren gibt. Von Freiheit und Selbstbestimmung kann hier kaum die Rede sein. Zweitens handelt es sich um *individuell-egoistische Entscheidungen*, die auf emotionaler Konditionierung beruhen; hier ist die mittlere limbische Ebene besonders relevant. Solche Entscheidungen können bewußt oder unbewußt ablaufen; sie sind von starken Handlungsmotiven getrieben und zielen auf unmittelbaren Lustgewinn bzw. unmittelbare Unlustvermeidung. Neben der ersten Art von Entscheidungen sind solche Entscheidungen charakteristisch für (klein)kindliches Verhalten. Sofern die relevanten Motive von der Person verändert werden können, gibt es hier zumindest Ansätze von Selbstbestimmung. Drittens gibt es *emotional-sozial-rationale Entscheidungen*. Hier dominieren Aktivitäten auf der obersten limbischen Ebene in Wechselwirkung mit der kognitiv-rationalen Ebene. Wir wägen bewußt oder zumindest halbbewußt die mittel- und längerfristigen Konsequenzen unseres Handelns für uns selbst und unsere engere soziale Umgebung (Familie, Freunde, Arbeitskollegen usw.) ab, daneben spielen in abnehmendem Maße die Konsequenzen für die entferntere soziale Umgebung (die Kommune, den Staat usw.) eine Rolle. Normen und Konventionen sind von großer Bedeutung; Entscheidungen, die auf diese Weise getroffen werden, können daher auch selbstbestimmt sein.

Das Bemerkenswerte ist die Tatsache, daß rationale Prozesse *alleine* nicht unmittelbar handlungswirksam sind. Dies ermöglicht es uns Menschen, Pläne »rein gedanklich« zu schmieden, Handlungsalternativen ganz unemotional abzuwägen, ohne an deren Realisation direkt denken zu müssen, wie dies für die Handlungsplanung unerläßlich ist. Zugleich bildet dies die Grundlage der Fähigkeit des Menschen, beispielsweise darüber zu räsonieren, was man gegen das Elend in der Welt alles tun müßte, ohne daß man sich selbst engagiert. Die Verstandes- und Intelligenzebene kann sich also vollständig abkoppeln von den drei anderen Ebenen – mit dem (oft gewollten) Effekt, daß ihre Arbeit zunächst oder auf Dauer wirkungslos bleibt. Dem entspricht auf der neuronalen Ebene, daß der dorsolaterale präfrontale Cortex als Sitz von Verstand und Intelligenz nur sehr indirekt mit den handlungssteuernden Zentren verbunden ist.

Dies ändert nichts daran, daß rationale Überlegensprozesse handlungswirksam werden können. Wäre dies nicht so, dann wäre nicht zu erklären, welchen Selektionsvorteil die Ausbildung höherer kognitiver Funktionen innerhalb der Entwicklungsgeschichte hatte. Voraussetzung für die Wirksamkeit kognitiv-rationaler Prozesse ist jedoch Ankopplung an die limbischen Ebenen – in aller Regel an die obere limbische Ebene. Dies bedeutet, daß rationale Argumente in der Regel nur insoweit handlungswirksam werden, als ihre Befolgung individuell-emotional oder sozial-emotional gesehen wünschenswerte Konsequenzen hat bzw. negative Konsequenzen vermeidet. Jemand kann uns mit noch so klaren logisch-rationalen Argumenten zu überzeugen versuchen – wenn dabei nicht Vorstellungen in uns geweckt werden, die uns emotional anrühren und dadurch motivieren, dann werden wir unser Verhalten nicht an ihnen ausrichten (Roth 2007). Die derzeitige Debatte über die globalen Klimaveränderungen bietet hier ein hervorragendes Beispiel: Die wissenschaftlichen Belege werden allgemein akzeptiert, die Umsetzung in konkretes Verhalten erweist sich dagegen als äußerst schwierig; daher versucht man durch Katastrophenszenarien oder andere Formen der »Emotionalisierung« die nötige Betroffenheit herzustellen. Einen weiteren Beleg liefert die Werbung, die in der Regel nicht mehr mit rationalen Argumenten operiert, sondern Emotionen und Assoziationen anzusprechen versucht.

Obwohl wir in unserer alltäglichen Praxis die oben skizzierten Erkenntnisse weitgehend berücksichtigen, wird die große Bedeutung von Emotionen und unbewußten Handlungsmotiven in unseren theoretischen Vorstellungen über uns selbst kaum berücksichtigt. Hier dominiert immer noch die Auffassung, unsere Handlungen würden primär rational-kognitiv gesteuert. Sie ist jedoch ebenso verfehlt wie die Annahme, wir könnten spontan in unsere Handlungsdispositionen eingreifen und beliebige Aktivitäten unter beliebigen Umständen tun oder unterlassen. Diese Art von Willkür besitzen wir in der Tat nicht, doch dies ist kein Verlust: Könnten wir uns nach Belieben gegen das Schlafen oder gegen die Nahrungsaufnahme entscheiden, dann würde dies die Gefahr einer Schädigung unserer biologischen Existenz und damit auch unserer Fähigkeit zu selbstbestimmtem Handeln heraufbeschwören. Genausowenig würde die Loslösung vom individuellen Erfahrungsgedächtnis normalerweise zu einer sinnvollen Erweiterung des eigenen Handlungsspielraums führen. Zu erwarten wäre vielmehr eine Wiederholung von Handlungsweisen, deren negative Konsequenzen der Person längst bekannt sind. Die Abhängigkeit unseres Handelns von den individuellen und stammesgeschichtlichen Erfahrungen setzt also einen Rahmen, der die Fähigkeit zu selbstbestimmtem Handeln in der Regel nicht beeinträchtigt, sondern sichert – auch wenn Affekte und traumatische Erfahrungen in einzelnen Fällen die Selbstbestimmung erschweren oder gar unmöglich machen.

Die skizzierten Mechanismen widersprechen also nur einer verfehlten Vorstellung von Freiheit, nämlich der Idee absoluter Beliebigkeit, von der wir oben gezeigt haben, daß sie auch im Widerspruch zu grundlegenden Freiheitsintuitionen steht und insbesondere die Unterscheidung von Freiheit und Zufall in Frage stellen würde. Die oben beschriebene Fähigkeit, frei und selbstbestimmt zu handeln, wird damit jedoch nicht in Frage gestellt – im Gegenteil. Die genannten Erkenntnisse geben vielmehr Auskunft über die natürlichen Grundlagen dieser Fähigkeit, gleichzeitig machen sie aber auch deren Grenzen und Rahmenbedingungen deutlich. Dabei führen sie zu einem Bild, das wesentlich differenzierter ist als die traditionelle Vorstellung unbedingter Freiheit.

Determination und Zufall im Gehirn

Nach allem, was wir wissen, arbeitet das vorgestellte Entscheidungs- und Handlungssteuerungs-Netzwerk »quasi-deterministisch«, d. h. determiniert ablaufende Prozesse sind von Zufälligkeiten durchsetzt, die gleichzeitig in den Grenzen bestimmter Wahrscheinlichkeiten bleiben. Solche Zufälligkeiten sind in jedem Fall auf der Ebene der molekularen und zellulären Vorgänge im Gehirn zu finden: Wann an einer Synapse ein winziges »Minimalpaket« eines Transmitters ausgeschüttet wird, ist nicht genau vorhersagbar, und ebenso fluktuiert an vielen Nervenzellmembranen das Membranpotential, was mit einer teilweise stochastischen Öffnung und Schließung der beteiligten Ionenkanäle zusammenhängt. Entsprechend gibt es bei vielen Neuronen im Auftreten von Aktionspotentialen zeitliche Schwankungen.

Ob aber solche mikrophysikalischen Indeterminiertheiten makrophysikalisch-systemrelevante Auswirkungen haben und damit letztlich auch unser Verhalten und unsere Entscheidungen beeinflussen, ist derzeit unklar. An jeder Synapse werden bei einer Erregung Hunderte und Tausende von Transmitter-»Minimalpaketen« ausgeschüttet, jede Nervenzelle hat Tausende von Synapsen, und die meisten Gehirnfunktionen beruhen auf der Aktivität von Tausenden und Millionen von Nervenzellen. Dies bedeutet, daß sich die stochastischen Vorgänge völlig »ausmitteln« können. Dennoch kann nicht ausgeschlossen werden, daß vergleichsweise kleine Abweichungen auf der Ebene einzelner Elemente in komplexen Systemen wie dem Gehirn zu großen Abweichungen des Systemsverhaltens insgesamt führen. Das gleiche dürfte für das zeitliche Auftreten von Aktionspotentialen zutreffen: In den meisten Fällen der Erregungsverarbeitung auf der Basis von Aktionspotentialen kommt es nur auf die durchschnittliche Erregungsrate an und nicht auf ein einzelnes Aktionspotential. Das mag aber in bestimmten Zusammenhängen anders sein.

Schließlich gibt es im Gehirn Zentren, deren Neurone mit größter Exaktheit arbeiten, während es in anderen Zentren »chaotischer« zugeht. Dies könnte bedeuten, daß im Gehirn der Grad der Exaktheit und der Stochastik funktionell variiert. Einerseits sind viele Prozesse im Gehirn nach eingehendem Studium erstaunlich genau vorhersagbar, andererseits gibt es Ereignisse, die man immer nur mit einer bestimmten Wahrscheinlichkeit bestimmen kann. Es gibt eine Reihe von Indizien dafür, daß hier in einigen Fällen eine stochastische Dynamik zugrunde liegt, die zu funktionalen Verbesserungen führen könnte (Ma u. a. 2006). Hierfür sprechen auch Simulationen mit neuronalen Netzen (Hopfield und Tank 1985). In jedem Falle ist das Gehirn ein derart komplexes System, daß sich sein Verhalten mit den derzeit verfügbaren Mitteln der Mathematik selbst dann nicht genau vorhersagen ließe, *wenn* es streng deterministisch ablaufen sollte. Entsprechende Verhältnisse finden wir beim Wetter, das auch »quasideterministisch« arbeitet.

Letztlich ist es aber eine rein neurobiologische Frage, ob das Gehirn streng deterministisch oder quasideterministisch arbeitet. Weiter oben haben wir bereits festgestellt, daß im Gegensatz zu den Behauptungen traditioneller, inkompatibilistischer Freiheitskonzeptionen eine Antwort auf die Frage nach dem deterministischen Charakter neuronaler Prozesse oder gar physischer Prozesse insgesamt für das Problem der Willensfreiheit *nicht* erforderlich ist. Wenn das Gehirn tatsächlich nichtdeterministisch oder nur »quasideterministisch« arbeitet, dann weitet dies nicht etwa unsere Freiheitsspielräume aus, sondern führt allenfalls zu mehr Zufall und weniger Kontrolle. Freiheit hängt nämlich nicht davon ab, *ob* unsere Entscheidungen und die sie realisierenden neuronalen Prozesse determiniert sind, vielmehr kommt es darauf an, *wie* sie determiniert sind. Werden sie durch uns selbst, d. h. durch unsere personalen Motive, determiniert oder auch nur hinreichend sicher bestimmt, dann sind sie selbstbestimmt und damit frei im Sinne der oben skizzierten Konzeption.

6 Gründe und Ursachen

Innerhalb der Debatte um die Willensfreiheit hat in der letzten Zeit der vermeintliche Gegensatz zwischen Gründen und Ursachen eine wichtige Rolle gespielt. Niemand in dieser Diskussion bezweifelt, daß die Fähigkeit, nach Gründen zu handeln und sich an Gründen zu orientieren, ein konstitutives Merkmal von Personalität ist. Auch uns erscheint diese Annahme nicht nur faktisch richtig zu sein, vielmehr verwickelt man sich in einen performativen Widerspruch, also in einen Widerspruch zwischen Handlung und Behauptung, wenn man versucht, sie zu bestreiten. Wer behauptet, daß Menschen nicht nach Gründen zu handeln und sich nicht an Gründen zu orientieren vermögen, der muß seine Behauptung begründen. Damit handelt er so, als wären Menschen eben doch in der Lage, nach Gründen zu handeln und sich an Gründen zu orientieren. Verzichtet er auf eine Begründung, dann haben wir keine Veranlassung, seine Position ernst zu nehmen.

Was sind Gründe?

Eine Diskussion dieser Frage setzt eine Verständigung darüber voraus, was man sinnvollerweise unter Ursachen und Gründen verstehen kann. In der Philosophie gibt es eine lange und zum Teil sehr kontroverse Diskussion über den Begriff der Ursache. Der Einfachheit halber wollen wir hier unter Ursachen räumlich und zeitlich bestimmbare Ereignisse verstehen, die gewisse Wirkungen in unserer Umwelt hervorbringen. Eine Ursache ist z. B. das Auftreffen eines Balls auf einer Scheibe; ein Ereignis, das gestern nachmittag am Nachbarhaus stattgefunden und dazu geführt haben mag, daß die Scheibe zerbrach.

Von Gründen sprechen wir demgegenüber in Zusammenhang mit *Überzeugungen, Wünschen oder Hoffnungen*, die verständlich machen, *warum* Personen etwas tun oder behaupten. So hat jemand, der überzeugt ist, daß Junggesellen unverheiratet sind und Peter ein Junggeselle ist, einen guten Grund für die Annahme, daß Peter unverheiratet ist. Und eine Person, die durstig ist und gesehen hat, daß im Kühlschrank eine Flasche Mineralwasser steht, hat einen Grund, zum Kühlschrank zu gehen.

Gründe und Ursachen spielen eine zentrale Rolle in unseren Erklärungen; sie helfen uns nachzuvollziehen, warum bestimmte Dinge in unserer Welt passieren. Mit Hilfe von Ursachen *erklären* wir Ereignisse; Gründe liefern uns die Basis dafür, Handlungen und Behauptungen von Personen *verständlich zu machen*. Zwischen Gründen und Ursachen besteht also eine Verwandtschaft. Sie hat den Philosophen Donald Davidson zu der Behauptung veranlaßt, Handlungserklärungen würden im Prinzip genauso funktionieren wie Kausalerklärungen: »Gründe sind Ursachen«, lautet sein Slogan (Davidson 1970, Stoecker 2002).

Die Behauptung, daß Handlungserklärungen so ähnlich funktionieren wie Kausalerklärungen, erscheint plausibel. Doch bedeutet dies schon, daß man Gründe einfach nur als einen bestimmten Typus von Ursachen auffassen kann? Wir glauben, daß diese Antwort zu einfach ist. Davidsons Slogan läßt Unterschiede außer acht, die man berücksichtigen muß, wenn man zu einer klaren Vorstellung des Verhältnisses von Gründen und Ursachen kommen will.

Es gibt zwei wesentliche Unterschiede zwischen Gründen

und Ursachen. Anders als Ursachen haben Gründe erstens einen normativen Charakter: Gründe können den Vollzug bestimmter Handlungen oder das Akzeptieren von anderen Überzeugungen *rechtfertigen*. Für Ursachen gilt das nicht. Die Tatsache, daß ein Ball gegen eine Scheibe geprallt ist, liefert keine *Rechtfertigung* dafür, daß die Scheibe zerbricht.

Zweitens sind Gründe im Gegensatz zu Ursachen keine räumlich und zeitlich bestimmbaren Einzelereignisse, sondern Abstrakta. Beispiele für Einzelereignisse sind die Krönung Karls des Großen oder das Auftreffen eines bestimmten Balls auf einer bestimmten Scheibe. Natürlich kommt es häufiger vor, daß Könige gekrönt werden und Bälle auf Scheiben treffen, aber wenn dies zu unterschiedlichen Zeiten oder an unterschiedlichen Orten geschieht, dann sprechen wir eben auch von unterschiedlichen Ereignissen.

Für Abstrakta gilt gerade dies nicht. Abstrakta sind z. B. mathematische Regeln, die Sätze der Logik, moralische Prinzipien oder die Überzeugung, daß Diebstahl verwerflich ist. Sie existieren nicht an einem bestimmten Ort zu einer bestimmten Zeit. Weil Gründe keinen bestimmten Ort und keine bestimmte Zeit haben, können mehrere Personen zu unterschiedlichen Zeiten an unterschiedlichen Orten ein und dieselbe Überzeugung haben und damit auch ein und denselben Grund für eine bestimmte Antwort auf eine Multiplikationsaufgabe oder ein moralisches Problem.

Dieser abstrakte Charakter von Gründen wird leicht durch eine Doppeldeutigkeit unserer alltäglichen Rede von Gründen, vor allem aber von Überzeugungen verdeckt. Tatsächlich haben wir es faktisch immer mit einzelnen Vorkommnissen solcher Gründe zu tun, also z. B. mit einer einzelnen Überzeugung einer bestimmten Person, und die ist natürlich zu einer bestimmten Zeit an einem bestimmten Ort erworben worden. Um Verwechslungen zu vermeiden, werden wir bei solchen einzelnen Vorkommnissen von Überzeugungen im folgenden von Überzeugungs*zuständen* sprechen. Solche Überzeugungszustände kann man nicht nur erwerben und verlieren, vielmehr hat jede Person ihre eigenen Überzeugungs- oder Glaubenszustände. Davon muß man jedoch den abstrakten *Inhalt* dieser Zustände unterscheiden, also z. B. die Behauptung, daß zwei und zwei vier oder die Innenwinkelsumme in Dreiecken 180 Grad ist. Wenn solche Behauptungen wahr sind, dann waren sie immer schon wahr – auch wenn es lange niemanden gegeben haben mag, der diese Wahrheiten entdeckt und vertreten hat. Doch das haben unentdeckte Wahrheiten mit unentdeckten Kontinenten gemein – auch die entstehen nicht erst in dem Moment, in dem jemand den Fuß an ihr Ufer setzt.

Nur wenn man diesen abstrakten Charakter erkennt, kann man verstehen, warum verschiedene Personen ein und denselben Grund oder ein und dieselbe Überzeugung haben können, daß sie über diese Überzeugung streiten, sie sich zu eigen machen, für sie argumentieren oder sie ablehnen können. Nur dieser abstrakte Charakter liefert daher auch die Rechtfertigung dafür, daß eine Person eine bestimmte Handlung vollzieht oder eine Annahme akzeptiert.

Führt der Determinismus in einen Selbstwiderspruch?

All dies spricht dafür, daß Gründe keine Ursachen sind. Gründe kann man daher auch nicht mit neuronalen Aktivitäten identifizieren, schließlich handelt es sich bei letzteren um Einzelereignisse, die allein in kausalen Beziehungen stehen: Neurone reagieren nun einmal nicht auf Gründe. Damit aber stellt sich die Frage, wie eine naturalistische Theorie, die kognitive Prozesse auf neuronale Aktivitäten zurückführt, der Wirksamkeit von Gründen überhaupt gerecht werden kann. Besonders problematisch scheint hier die Situation eines deterministischen Naturalismus zu sein. Man kann sich nämlich fragen, ob eine solche Position nicht automatisch die Basis ihrer eigenen Argumentation untergräbt: Der Determinist scheint zugeben zu müssen, daß seine eigenen Auffassungen ebenso wie die Einwände seines nichtdeterministischen Gegners Produkte einer unerbittlichen Notwendigkeit sind; für rationale Begründungen scheint da kein Platz zu bleiben. Zu finden ist diese Überlegung bereits bei Epikur:

> »Wer sagt, alles geschehe mit Notwendigkeit, vermag demjenigen nichts vorzuhalten, der sagt, nicht alles geschehe mit Notwendigkeit. Denn ebendies, so behauptet er, geschehe mit Notwendigkeit.«[36]

Rafael Ferber[37] bezweifelt zwar, daß Epikur damit bereits ein gültiges Argument vorbringt, doch auch er ist der Ansicht, daß der Determinismus, selbst wenn er wahr sei, seine Wahrheit nicht begründen könne: »Denn der Determinist wird nicht durch Gründe, sondern durch Wirkursachen dazu bestimmt, seine Ansicht für wahr zu halten.« Dem Deterministen fehle die Freiheit, diese aber sei ihrerseits die Bedingung für echte Begründung: »Begründung setzt also in diesem Sinne Freiheit voraus.« Da der Determinist zugeben müsse, daß er mangels Freiheit nicht über echte Gründe verfügt, könne er allenfalls auf rhetorische Mittel zurückgreifen. Ferber schließt: »Der Beweis eines Deterministen wäre einem ›Rülpsen‹ vergleichbar.«

Wir wollen nicht darauf eingehen, ob die von Ferber genannte Verhaltensweise ein erfolgversprechendes rhetorisches

Mittel ist. Zu fragen ist allerdings, ob der Determinist wirklich in den behaupteten Selbstwiderspruch gerät. Unabhängig davon stellt sich zweitens die Frage, welchen Platz Gründe in einer rein physischen, insbesondere in einer determinierten physischen Welt haben.

Ferber muß im Zusammenhang mit seiner Behauptung, der Determinismus führe in einen Selbstwiderspruch, zwei Voraussetzungen machen. Zum einen muß er einen inkompatibilistischen Freiheitsbegriff zugrunde legen, zweitens muß er unterstellen, daß Begründung Freiheit erfordert. Beide Voraussetzungen lassen sich jedoch mit guten Gründen bestreiten. Tatsächlich ist völlig unklar, warum ein Determinist einen inkompatibilistischen Freiheitsbegriff zugrunde legen sollte. Tut er das nicht, dann hat er den Selbstwiderspruch bereits vermieden: Er kann sich – wie wir oben ausgeführt haben – auch in einer determinierten Welt als frei begreifen, selbst wenn er Ferbers zweite Voraussetzung akzeptiert.

Doch: *Sollte* er Ferbers zweite Voraussetzung akzeptieren? Ist es also sinnvoll anzunehmen, daß Begründung Freiheit erfordert? Keineswegs! Nehmen wir an, eine Person, die davon überzeugt ist, daß alle Menschen sterblich sind und daß Sokrates ein Mensch ist, werde gefragt, ob Sokrates sterblich ist. Offenbar hat die Person einen guten Grund, die Frage zu bejahen. Doch hängt dies davon ab, ob sie eine freie Entscheidung für die positive und gegen die negative Antwort trifft?

Solche Entscheidungen mag es faktisch geben. Doch ist es sinnvoll, sie zur *Bedingung* für Rationalität zu machen? Dies ist sicherlich nicht der Fall! Eine solche Bedingung würde nämlich in ein Dilemma führen, das die Rationalität einer Entscheidung untergräbt. Eine freie Entscheidung zwischen einer positiven und einer negativen Antwort kann in dem obigen Fall nämlich entweder begründet oder unbegründet sein. Ist sie unbegründet, dann ist sie irrational, die Forderung nach einer solchen Entscheidung kann also keine sinnvolle Bedingung von Rationalität sein. Soll die freie Entscheidung dagegen begründet sein, dann setzt sie nach den obigen Kriterien ihrerseits eine begründete freie Entscheidung zweiter Ordnung zwischen den relevanten Gründen voraus. Soll wiederum *diese* Entscheidung begründet sein, dann ist dafür eine begründete freie Entscheidung dritter Ordnung erforderlich usw. Diese Option führt also in einen infiniten Regreß. Sie bildet daher ebenfalls keine sinnvolle Bedingung von Rationalität. Unterbrechen ließe sich dieser Regreß nur, wenn man irgendwo eine nichtbegründete Entscheidung zuläßt. Damit aber würde sich wieder das zuerst genannte Problem stellen. Es mag, wie gesagt, solche nichtbegründeten Entscheidungen zwischen potentiellen Gründen durchaus geben, in einem gewissen Rahmen mögen sie sogar tolerierbar sein, doch wäre es abwegig, wenn wir das Vorliegen solcher unbegründeten Entscheidungen zum *Maßstab* dafür machten, ob eine Entscheidung rational ist oder nicht.

Es versteht sich von selbst, daß trotz dieser Einwände ein enger Zusammenhang von Freiheit und Rationalität besteht. Dies gilt zum einen, weil Rationalität eine *Bedingung* von Freiheit ist. Zweitens ist aber auch zu berücksichtigen, daß Bedingungen, die die Freiheit einer Person einschränken, in der Regel auch deren Fähigkeit beeinträchtigen, rational zu handeln. Dies gilt für psychische und physische Abhängigkeiten ebenso wie für äußere Zwänge.

Unabhängig davon läßt sich Ferbers Einwand jedoch in jedem Falle zurückweisen. Entscheidend ist allerdings, daß Ferbers Einwand zurückgewiesen werden kann. Unabhängig davon gibt es jedoch einen weiteren Einwand gegen unsere Annahme, man könne sich auch in einer determinierten Welt von Gründen leiten lassen. Der Einwand lautet nicht, daß die Behauptung des Determinismus mangels Freiheit in einen Selbstwiderspruch führe, sondern nur, daß eine vollständige Determination durch Ursachen faktisch keinen Platz für die Wirksamkeit von Gründen lasse. Vorgebracht worden ist der Einwand von Julian Nida-Rümelin und – in einer etwas anderen Form – von Jürgen Habermas. Beide Autoren sind der Ansicht, daß eine Handlung oder Entscheidung nicht durch Gründe geleitet sein könne, wenn sie – wie es ein deterministischer Naturalismus unterstellt – vollständig von neuronalen Prozessen festgelegt wird. Die zugrundeliegende Überlegung erscheint ebenso einfach wie überzeugend. Wenn Gründe – wie oben gezeigt – keine Ursachen sind, eine Handlung oder Entscheidung aber vollständig durch Ursachen auf der neuronalen Ebene determiniert wird, dann kann sie nicht von Gründen bestimmt sein. So argumentiert Habermas: »Der Determinismus muß das Selbstverständnis rational Stellung nehmender Subjekte zur Selbsttäuschung erklären.«[38] Ganz ähnlich heißt es bei Nida-Rümelin, daß »kausale Erklärungen, die nicht auf die betreffenden Gründe Bezug nehmen, in einem Konflikt mit Erklärungen über Gründe«[39] stünden.

Doch ist es wirklich so, daß in einer naturalistischen Theorie von kognitiven Prozessen kein Platz für die Wirksamkeit von Gründen ist? Angesichts des abstrakten Charakters von Gründen scheidet wie gesagt die Identifikation mit Ursachen, insbesondere mit neuronalen Ursachen aus. Dennoch kann auch ein Naturalist die Wirksamkeit von Gründen akzeptieren. Dies wird deutlich, wenn man sich vor Augen hält, was passiert, wenn eine Person sich von Gründen leiten läßt.

Wir hatten oben gesehen, daß die alltagssprachliche Rede von

Überzeugungen doppeldeutig ist: Zum einen sind damit die abstrakten Inhalte von Überzeugungen gemeint, also z. B. die Wahrheit, daß zwei und zwei vier ist, die sich weder zeitlich noch räumlich verorten läßt und daher auch nicht mit räumlich und zeitlich bestimmten Hirnzuständen identifiziert werden kann. Solche Wahrheiten können von vielen Personen geteilt werden; gleichzeitig liefern sie gegebenenfalls die Rechtfertigung für unser Handeln. Zweitens verstehen wir unter Überzeugungen aber auch die Überzeugungs*zustände* einer bestimmten Person. Hier handelt es sich um psychische Zustände, die sehr wohl zeitlich und räumlich zu verorten sind. Als solche können sie unser Handeln beeinflussen und natürlich können sie auch neuronal realisiert sein.

Auf dieser Basis läßt sich erklären, was es heißt, daß eine Person sich in ihrem Handeln von Gründen leiten läßt. Konkret sind dabei zwei Dinge wichtig: Zum einen muß gefragt werden, ob das Verhalten bzw. die Aussage der Person angesichts der abstrakten Inhalte ihrer Überzeugungen *gerechtfertigt* erscheint. Zweitens kommt es aber auch darauf an, daß die Person zu der Antwort oder Handlung gekommen ist, *weil* sie sich die fraglichen Überzeugungen angeeignet hatte und somit die entsprechenden Überzeugungszustände besaß. Diese müssen also das Verhalten der Person *tatsächlich beeinflussen*. Hätte die Person nur aus Zufall so geantwortet oder gehandelt, dann würden wir ebenfalls nicht von einer begründeten Antwort oder Verhaltensweise sprechen, selbst wenn die Person faktisch Überzeugungen besäße, angesichts deren die Handlung oder Entscheidung rational wäre.

Deutlich wird damit, daß ein aufgeklärter Naturalismus sehr wohl zeigen kann, wie Gründe wirksam werden. Dazu bedarf es keiner geheimnisvollen Interaktion zwischen Gründen und

Neuronen. Notwendig ist vielmehr, daß die Überzeugungen, die eine Person sich angeeignet hat, ihre Überlegungen bestimmen und rechtfertigen. Die konkreten Überzeugungszustände selbst können dabei ebenso wie die Überlegungen neuronal realisiert sein. Eine Konkurrenz zwischen Gründen und Ursachen ist hier also auch dann nicht zu erkennen, wenn man mit Nida-Rümelin und Habermas die Identifikation von Gründen und Ursachen für falsch hält. Ganz im Gegenteil: Bestimmte neuronale Prozesse bilden die *Bedingung* für die Wirksamkeit von Gründen, weil sie die Überzeugungszustände und Überlegungen realisieren, die einen rationalen Entscheidungsprozeß überhaupt erst möglich machen. Genausowenig wie das Programm eines Computers ohne die entsprechenden elektrischen Aktivitäten in den Chips funktionieren würde, genausowenig wären rationale Überlegungen möglich, gäbe es nicht die entsprechende neuronale Substruktur.

Neuronale Realisierung von Überlegungen

Doch wie hat man sich die neurobiologische Realisierung eines solchen Prozesses vorzustellen? Was passiert also im Gehirn, wenn eine Person aus Gründen handelt? Stellen wir uns eine Person vor, die sich hinter den nächsten Berg begibt, weil sie glaubt, daß es dort einen Fluß gibt, in dem sie ihren Durst stillen kann. Die Person hat offenbar Gründe für ihr Tun, die sie selbst – zur Rede gestellt – äußern wird oder die wir zur *Erklärung* ihres Verhaltens heranziehen können. Damit die Gründe überhaupt wirksam, d. h. in Handlungen umgesetzt werden, müssen die entsprechenden Wahrnehmungen, Überzeugungen, Emotionen und Überlegungen *neuronal realisiert* sein.

Wirksamkeit heißt letztlich, daß Bewegungsabläufe in Gang gesetzt werden. Damit sich die Beine der durstigen Person bewegen, müssen in den prämotorischen und motorischen Zentren ihrer Großhirnrinde Nervenzellen hinreichend aktiv sein, so daß sie über die Pyramidenbahn bestimmte motorische Segmente des Rückenmarks erregen, deren Nervenzellen schließlich über die Ausschüttung des Transmitters Acetylcholin Körpermuskeln in geeigneter Weise zur Kontraktion anregen. Die Nervenzellaktivität in den corticalen und spinalen Motorzentren ist die unmittelbare (proximale) *Ursache* für die Beinbewegung. Diese Aktivierung hat im Nervensystem bzw. im Gehirn der durstigen Person ihrerseits Ursachen, nämlich – sofern es sich um eine willentliche Handlung handelt – die »exekutiven« Aktivitäten im parietalen, prä- und supplementärmotorischen Cortex, in den Basalganglien und im Kleinhirn, die festlegen, wie die Bewegungen ablaufen sollen und dann den Aufbau des Bereitschaftspotentials bewirken. Wenn das lateralisierte Bereitschaftspotential eine hinreichende Stärke erreicht, *verursacht* es die Beinbewegung.

Damit es aber zur Aktivität dieser prämotorischen und exekutiven Zentren und dem Auftreten eines Bereitschaftspotentials kommt, muß es, wie oben dargestellt, zu einer »Freischaltung« des Zusammenwirkens zwischen Großhirnrinde und Basalganglien kommen, und diese wird durch limbische Zentren bewirkt. Sollte z. B. die Person bei einer anderen Gelegenheit auf einem der Wege, die zum Fluß führen, schlechte Erfahrungen gemacht haben, so wird sie diesen Weg sicherlich nicht wählen – die entsprechenden Programme (z. B. eine Wendung nach links an einer Weggabelung) würden nicht freigeschaltet.

Wir haben spätestens mit diesen Erfahrungen die Ebene psychischer Zustände erreicht, auf der auch von Gründen die

Rede sein kann. Natürlich liefern mir die schlechten Erfahrungen auf dem fraglichen Weg einen Grund, eine andere Strecke zu wählen. Ich kann also sagen »Ich bin nach rechts gegangen, weil ich mit dem linken Weg schlechte Erfahrungen gemacht habe!«, und ich werde nicht als »Grund« angeben, daß meine Amygdala in einer bestimmten Weise aktiv ist. Gleichzeitig ist klar, daß die Fähigkeit, sich von Gründen leiten zu lassen, eine neuronale Basis hat (hier u. a. in der Amygdala) und daß eine solche neuronale Basis generell erforderlich ist, damit Gründe ihre Wirkungen auf menschliches Handeln und Entscheiden entfalten können.

In jedem Falle müssen der Person längst nicht alle Antriebe ihres Handelns bewußt sein, außerdem ist es möglich, daß ihr Verhalten nicht von plausiblen Gründen bestimmt wird und damit »irrational« erscheint. Verantwortlich dafür sind häufig Störungen, die sich mit Hilfe von Psychologie, Psychiatrie und Neurobiologie aufklären lassen. Liegen solche Störungen aber *nicht* vor, dann können wir uns in unserem Handeln sehr wohl von Gründen leiten lassen. Der wirkliche Zusammenhang zwischen rationalen Gründen und unserem Verhalten ist dabei häufig komplizierter, als es unser Alltagsbewußtsein wahrhaben will. Wie oben dargelegt stellt die Einbeziehung emotionaler Erfahrung eine *Bedingung* dafür dar, daß wir uns überhaupt von Gründen leiten lassen können. Patienten mit Störungen im orbitofrontalen Cortex sind oft gar nicht in der Lage, sozial nachvollziehbare Gründe für ihr Handeln anzugeben. Die neurobiologische und die psychologische Forschung sind nicht zuletzt deshalb wichtig, weil sie über diese komplexen Zusammenhänge aufklären und uns damit gegebenenfalls Möglichkeiten geben, Störungen oder Defizite der entsprechenden Fähigkeiten zu beseitigen.

Deutlich werden sollte hier auch, warum der u. a. von Habermas erhobene Vorwurf, einige Neurobiologen, unter ihnen Gerhard Roth, verträten einen Reduktionismus, der rationale Gründe zu Epiphänomenen mache, verfehlt ist. Er ist zum einen deshalb verfehlt, weil das hier vorgestellte »Vier-Ebenen-Modell« die *Existenz unterschiedlicher Beschreibungsperspektiven* voraussetzt. Es kann also keine Rede davon sein, daß die rationale oder mentalistische Beschreibungsebene zugunsten einer rein neurobiologischen Kausalerklärung in Frage gestellt oder gar aufgegeben würde. Natürlich findet ein Neurobiologe im Gehirn keine rationalen Überlegungen. Genauso wird ein Computerspezialist mit dem Mikroskop auf der Festplatte eines Computers nur magnetisierte Eisenpartikel finden, nicht aber die Texte, Bilder oder Musikstücke, die dort gespeichert sind. Die Existenz dieser Texte, Bilder und Musikstücke wird damit genausowenig bestritten, wie der Neurobiologe die Existenz rationaler Überlegungen bestreiten muß. Beide, der Neurobiologe wie der Hardwarespezialist, müssen allerdings eine andere Beschreibungsperspektive einnehmen, wenn sie Zugang zu den Texten bzw. den rationalen Überlegungen gewinnen wollen.

Dies zeigt zweitens, warum Gründe nicht zu reinen *Epiphänomenen* werden. Sowenig wie die Festplatte unseres Computers mehr benötigt als magnetisierte Eisenpartikel, damit wir dort die gespeicherten Texte finden, sowenig benötigen wir mehr als neuronale Aktivitäten, um aus der mentalistisch-rationalen Perspektive von rationalen Überlegungen sprechen zu können. Unsere Überlegungen sind also nicht *trotz*, sondern gerade *wegen* der neuronalen Realisierung wirksam – genauso wie wir unsere Texte nur deshalb wiederfinden können, weil es die entsprechenden Magnetpartikel auf unserer Festplatte gibt.

Und schließlich: So absurd wie die Behauptung, die Texte, Bilder oder Musikstücke seien »in Wirklichkeit nichts anderes« als magnetisierte Eisenpartikel, so abwegig wäre die Aussage, geistige Prozesse seien »in Wirklichkeit nichts anderes als« neuronale Aktivitäten. Nein! Geistige Prozesse sind geistige Prozesse, doch sie sind, nach allem was wir wissen, neuronal realisiert.

Halten wir also fest: Die Fähigkeit, sich in seinem Handeln und Entscheiden von Gründen leiten zu lassen, ist *unverzichtbar* für unseren Status als bewußte und verantwortungsfähige Personen. Gründe sind zudem keine Ursachen. Die Fähigkeit, sich von Gründen leiten zu lassen, ist weder durch die neuronale Realisierung geistiger Eigenschaften noch durch einen möglichen Determinismus gefährdet: Neuronale Prozesse stellen vielmehr die *Bedingung* dafür dar, daß wir uns in unserem Handeln und Entscheiden von Gründen leiten lassen können.

7 Das Erleben von Freiheit und die Selbstzuschreibung von Handlungen

Die Erfahrung, die wir selbst im Vollzug freier Handlungen machen, stellt eine wichtige Grundlage unserer theoretischen Konzeptionen von Freiheit dar. Es liegt jedoch auf der Hand, daß man aus einem solchen *Empfinden* von Freiheit nicht die *Existenz* von Freiheit ableiten kann; wie oben bereits gezeigt, gehen einige der Probleme traditioneller Freiheitskonzeptionen auf unzulässige Verallgemeinerungen zurück, die aus dem Erleben von Freiheit abgeleitet werden.[40]

Wenn wir uns frei fühlen, dann schließt dies im allgemeinen *erstens* das subjektive Empfinden ein, daß *wir selbst* die fragliche Entscheidung oder Handlung hervorgebracht haben, ja, häufig kommt es uns so vor, als hätten wir völlig unabhängig von jeglichen Determinanten gehandelt und entschieden. Es wäre jedoch verfehlt, hieraus die Abwesenheit jeglicher Determination zu folgern, denn schließlich kann unser Handeln auch von unbewußten Handlungsdeterminanten bestimmt werden.

Tatsächlich spielen solche unbewußten Determinanten eine wichtige Rolle beim Zustandekommen von menschlichen Handlungen und Entscheidungen. Im einzelnen handelt es sich dabei um eine Reihe sehr unterschiedlicher Zustände. Hierzu gehören (1) vorbewußte Inhalte von Wahrnehmungsvorgängen; (2) unterschwellige (subliminale) Wahrnehmungen; (3) Wahrnehmungsinhalte außerhalb des Fokus der Aufmerksamkeit; (4) Inhalte des deklarativen Gedächtnisses, die ins Unbewußte abgesunken sind (»vergessen« wurden); (5) konsolidierte Inhalte des prozeduralen Gedächtnisses; (6) Inhalte des emotionalen Gedächtnisses, welche die Grundstruktur unseres Charakters und unserer Persönlichkeit bestimmen (vgl. dazu Roth 2003).

Da wir diese Vorgänge und Zustände nicht bewußt erleben, haben erst genaue psychologische und neurobiologische Untersuchungen in den letzten Jahren den großen Umfang, die Heterogenität und insbesondere auch die große Bedeutung des Unbewußten erwiesen. *Bevor* uns ein Gedanke, eine Vorstellung oder ein Wunsch bewußt wird, findet meist eine komplexe Aktivität im limbischen System, im Thalamus und in der Großhirnrinde statt. Da diese Prozesse uns nicht bewußt zugänglich sind, scheinen Gedanken, Vorstellungen oder Wünsche *aus dem Nichts* zu kommen (»Da fällt mir plötzlich ein . . .«). In der Regel neigen wir dazu, uns selbst die Urheberschaft dieser Prozesse zuzuschreiben.

Diese Zuschreibung muß keineswegs falsch sein. Es mag in vielen Fällen zutreffen, daß es sich – gemessen an den obigen Kriterien – auch bei unbewußten Prozessen um *meine* Gedanken, *meine* Vorstellungen und *meine* Wünsche handelt.

Ein *zweiter* wichtiger Faktor, der dafür sorgt, daß wir uns bei unserem Tun frei fühlen, ist der Eindruck, unser Wollen würde unser Handeln *direkt* bedingen. Wir erleben seit unserer Kindheit, daß wir etwas *tun wollen* und es dann auch in aller Regel *tun*. Aus diesem zeitlichen Nacheinander – hierauf hat bereits David Hume hingewiesen – leiten wir fälschlich einen *kausalen* Zusammenhang ab. Wir folgern also, das Wollen sei die direkte *Ursache* für das Tun bzw. das Tun sei die unmittelbare *kausale Folge* des Wollens. Wir übersehen dabei aber gleich mehrere Dinge: Erstens finden zwischen dem Wollen und dem Tun all die komplizierten Prozesse der Umsetzung von Willensvorstellungen in neuromuskuläre Vorgänge statt, die – wie geschildert – zwischen Großhirnrinde, Basalganglien, limbischem System, Kleinhirn und Motorapparat im verlängerten Mark und Rückenmark ablaufen. Diese Prozesse erleben wir nicht bewußt, und wir können sie erst recht nicht bewußt steuern. Zweitens folgt einem Wollen nicht automatisch die entsprechende Bewegung – manchmal unterlassen wir eine intendierte Bewegung, ohne daß uns dies auffällt (»Habe ich nun den Computer ausgeschaltet?«). Drittens tun wir viele Dinge, ohne daß dazu ein expliziter Willensakt erforderlich wäre. Dies gilt für alle mehr oder weniger automatisierten Abläufe, die unseren Alltag bestimmen, wie Gehen, ein Auto durch den Verkehr fahren, die Lippen und die Hände beim Sprechen bewegen, mit den Augen die Umgebung absuchen usw. Viertens schreibt unser Unbewußtes unser Wollen oft *rückwirkend* danach um, was wir tatsächlich getan haben. Käufer haben vor, eine bestimmte Sache zu kaufen, werden dann von unbewußten Reizen dazu gebracht, etwas anderes zu kaufen, behaupten aber anschließend, sie hätten genau das gemacht, was sie ursprünglich geplant hatten (dazu Wegner 2002). Dies ist die Neigung zur *Konsistenz von Absicht und Handlung.*

Neue Forschungen haben ergeben, daß auch die Selbstzuschreibung einer Willenshandlung, d. h. das Gefühl, daß »ich es bin, der etwas tut«, komplexe neurobiologische Grundlagen hat. Man nimmt aufgrund dieser Forschungsergebnisse an, daß im motorischen Cortex zusammen mit der Erstellung von »Kommandos« an die Muskeln, die für die Ausführung von Willkürhandlungen notwendig sind, ein *Modell* derjenigen Rückmeldungen von der Haut, den Muskeln, Sehnen und Gelenken entworfen wird, die *zu erwarten* sind, wenn die Bewegung so, wie geplant, ausgeführt wird (vgl. Blakemore u. a. 2002, Laut u. a. 2004). Gibt es hierbei stärkere Abweichungen aufgrund von Störungen im Gehirn oder im Bewegungsapparat, so kann bei den betroffenen Patienten das Gefühl der Fremdheit bis hin zur Leugnung der Autorschaft für die entsprechende Bewegung auftreten. Einige Fachleute nehmen eine derartige zerebrale Störung auch als Ursache für die Leugnung der »Meinigkeit« von Körperteilen oder gar des ganzen Körpers bei Schizophrenen an (Frith 1987). Umgekehrt kann man Patienten mit chronischem Phantomschmerz (d. h. ein Arm tut weh, obwohl er vor Jahren amputiert wurde) dadurch helfen, daß man ihnen auf raffinierte Weise einen virtuellen Arm »einspiegelt«, den sie dann virtuell bewegen können. Dies kann den Phantomschmerz reduzieren, der in der Repräsentation des Gliedmaßes in der sensorischen Hirnrinde entsteht (Ramachandran und Rogers-Ramachandran 1996, Ramachandran und Hirstein 1998). In diesen und anderen Fällen gewinnen Patienten (und in ähnlich gelagerten Experimenten Versuchspersonen) schnell die Illusion, sie bewegten tatsächlich ihren eigenen Arm.

Ein *dritter* Faktor, der das Gefühl der Freiheit erzeugt, ist die Tatsache, daß uns zum Zeitpunkt der Handlungsplanung *noch nicht festgelegt* erscheint, wie die Handlung konkret aussehen wird. Aus der Perspektive der ersten Person sieht es so aus, als könnten wir mit unseren bewußten Willensakten beliebig über unsere Handlungen verfügen. Wenn wir heute abend ins Theater gehen wollen, dann werden wir es auch tun; vielleicht wollen wir auch zu Hause bleiben, dann wird eben dies geschehen. Dabei fühlen wir uns um so freier, je mehr *denkbare Verhaltensoptionen* wir haben (allerdings dürfen diese nicht zu zahlreich sein, dann fühlen wir uns angesichts der Überforderung wieder unfrei). Bin ich sehr hungrig und habe nur eine Speise zur Auswahl, die ich vielleicht nicht einmal besonders mag, dann esse ich sie *wider*-willig, d. h. gegen meinen »Willen«. Sich frei fühlen heißt also, aus subjektiver Sicht *realisierbare* Ziele und Verhaltensoptionen zu haben. Dabei ist es irrelevant, ob alle diese Optionen tatsächlich bestehen. Für die Entstehung des Gefühls reicht die realistische Vorstellung aus, man könnte auch anders handeln. Dieses Bewußtsein mehrerer echter Verhaltensalternativen wird von mir deutlich erlebt und unterscheidet das Erleben freier Handlungen auch von physiologischem oder neurotischem Zwang. Wenn ich todmüde bin, weiß ich, daß ich nur die Option habe, mich bald schlafen zu legen; leide ich unter einem Waschzwang, dann weiß ich, daß ich mir in wenigen Minuten wieder die Hände waschen muß – egal, was ich dagegen zu tun versuche. In die Oper gehe ich dagegen *freiwillig*, weil ich auch etwas anderes tun könnte.

Ein *vierter* wichtiger Faktor ist die *innere Übereinstimmung* zwischen verschiedenen bewußten und unbewußten Handlungsmotiven einschließlich meines Temperaments, d. h. zwischen den (häufig unbewußten) individuell-egoistischen, den sozial-emotionalen und den kognitiv-rationalen Motiven. Am *freiesten* fühle ich mich, wenn alle drei Motivtypen übereinstimmen: Ich sitze vormittags während intensiver Arbeit an meinem Schreibtisch und möchte jetzt eine Tasse Kaffee trinken; dieser Wunsch ist sozial korrekt, mein Verstand sagt mir, daß das eine gute Idee ist, da ich hoffen kann, durch den Kaffee angeregt zu werden und ich überdies heute noch keinen Kaffee getrunken habe, und schließlich legt auch mein Unbewußtes kein Veto ein. Also trinke ich Kaffee und fühle mich dabei frei. Oder: Ich habe einen Ruf nach München erhalten. Dieser ist sehr ehrenvoll und befriedigt meinen Ehrgeiz (die unbewußt-bewußte individuell-egoistische Ebene). Meine Familie freut sich auf ein Leben in München, meine Freunde schwärmen davon, daß sie mich dann häufig dort besuchen (die sozialemotionale Ebene), und rational gesehen ist die Sache klar: ich erhalte in München sehr gute Arbeitsbedingungen, ein höheres Gehalt und hervorragende Kollegen. Also unterschreibe ich den Vertrag mit großer innerer Zustimmung.

Weniger frei fühle ich mich, wenn eine der drei Ebenen mit den beiden anderen nicht übereinstimmt. Um bei den beiden Beispielen zu bleiben: Ich habe im Laufe des Vormittags schon mehrere Tassen Kaffee getrunken und weiß aus Erfahrung, daß ich mich bei weiterem Kaffeetrinken »ganz rappelig« fühlen werde. Würde ich dann noch aus Höflichkeit mit einem Gast eine Tasse Kaffee trinken, dann geschähe dies nur noch *mit schlechtem Gewissen*, es gibt also einen Konflikt zwischen der sozial-emotionalen und der kognitiv-rationalen Ebene. Im Falle des Rufs nach München ist mein Ehrgeiz angesprochen, die Arbeitsbedingungen sind dort wirklich ideal, aber meine Familie will nicht von Y wegziehen (z. B. weil meine Frau dann ihre Stelle aufgeben müßte). Ich fühle mich dann zerrissen und unfrei, gleichgültig wie ich mich entscheide – ob ich bleibe oder gehe.

Als Ergebnis können wir festhalten, daß das Gefühl, frei wollen und frei entscheiden zu können, neurobiologische und psychologische Grundlagen besitzt. Wichtig ist dabei, daß der Handelnde die eigenen Motive üblicherweise nicht als echte Determinanten erfährt. Wenn ich so handeln kann, *wie ich will*, dann gewinne ich üblicherweise den Eindruck, mein Handeln sei *überhaupt nicht* bestimmt außer durch mich selbst. Dies gilt um so mehr, als ich gerade bei Entscheidungen mit etwa gleichrangigen Optionen den Ausgang meiner Überlegungen häufig nicht absehen kann und die Entscheidung als offen betrachten muß. Umgekehrt werden *äußere* Einflüsse üblicherweise als Determinanten empfunden, und zwar vor allem dann, wenn sie durch ihren Gegensatz zu den eigenen Wünschen und Bedürfnissen den Handlungsspielraum beeinträchtigen. Dies kann den Eindruck erwecken, das eigene Tun sei bei freien Handlungen indeterminiert, bei unfreien Handlungen hingegen determiniert. Wie bereits gesehen, ist dieser Eindruck nicht nur faktisch unzutreffend, vielmehr suggeriert er fälschlicherweise, Freiheit sei an das Nichtbestehen von Determination gebunden. Dies ist jedoch nicht der Fall: Auch eine determinierte Handlung kann frei sein, sofern sie durch die Person determiniert ist.

8 Der Schuldbegriff des deutschen Strafrechts und die Schuldfähigkeit von Gewalttätern

»Schuld« ist ein Grundbegriff und eine Grundvorstellung der meisten Religionen und ethischen Systeme. Schuld setzt voraus, daß man gegen Normen verstoßen hat. Dies wiederum kann zu Bestrafung und gegebenenfalls zu Buße und Sühne führen. Nicht in allen Kulturen ist Schuld an persönliche Verfehlungen gebunden; sie kann auch auf ein bösartiges Schicksal, die Willkür der Götter oder aber die Verfehlungen anderer, z. B. der Mitglieder der eigenen Familie, zurückgeführt werden. In der Regel basiert Schuld jedoch auf persönlichen Verfehlungen; eine weitere Bedingung ist, daß die schuldhafte Handlung der Person zugerechnet werden kann, weil sie frei ist. Häufig wird damit auch die oben ausführlich diskutierte Existenz alternativer Handlungsmöglichkeiten gefordert. Dieser Bedingung zufolge kann ich nur dann schuldig werden, wenn ich zur Zeit der Tat die Fähigkeit und die Möglichkeit besaß, anders zu handeln, also die Verfehlung zu unterlassen.

Innerhalb der deutschen und kontinentaleuropäischen Strafrechtstheorie besteht weitgehend Einigkeit darüber, daß das Prinzip der Schuld eine unabdingbare Grundlage des Strafrechts bildet. »Keine Strafe ohne Schuld« (*nulla poena sine culpa*), heißt es. Wie dieses Prinzip aber zu begründen sei, darüber gibt es seit langem heftige Auseinandersetzungen.[41] Die Uneinigkeit in der Strafrechtslehre resultiert aus dem Umstand, daß das deutsche Strafrecht nicht ausdrücklich sagt, was unter Schuld zu verstehen ist. Allerdings folgt aus § 20 StGB, der die Schuldunfähigkeit wegen seelischer Störungen regelt, im Umkehrschluß, daß alle diejenigen Täter, die keinen der in

§ 20 angeführten Defekte aufweisen (genannt werden »krankhafte seelische Störung«, »tiefgreifende Bewußtseinsstörung«, »Schwachsinn« und andere schwere »seelische Abartigkeit«), sich auch rechtmäßig hätten verhalten, die Tat also auch hätten unterlassen können. Der historische Gesetzgeber ist offenbar davon ausgegangen, daß dem Täter im Normalfall eine realisierbare Handlungsalternative offensteht. Weist der Täter hingegen einen (oder auch mehrere) der genannten Defekte auf, so führen sie nur dann zum Schuldausschluß, wenn dem Täter wegen eines dieser Defekte bei der Begehung der Tat entweder die Unrechtseinsicht oder die Fähigkeit, nach dieser Einsicht zu handeln, fehlte.

In § 46 Abs. 1 StGB heißt es außerdem, daß die Schuld die Grundlage für die Bemessung der Strafe sei. Damit trifft die Norm jedoch lediglich Aussagen über die Straf*zumessungs*schuld, also über den Aspekt der Schuld, der die Quantität der Strafe bestimmt, nicht aber über die Straf*begründungs*schuld, die das »Ob« der Strafe legitimiert und deshalb der Strafzumessung notwendig vorangehen muß. Ferner werden in den §§ 17, 19, und 35 StGB weitere Schuldausschließungs- und Entschuldigungsgründe genannt, die jedoch für unser Thema weitgehend uninteressant sind. Zu den Voraussetzungen, die gegeben sein müssen, damit ein Täter sich auch rechtmäßig hätte verhalten können, hat der Bundesgerichtshof vor längerer Zeit in einem vieldiskutierten Urteil folgendes festgestellt:

> »Der innere Grund des Schuldvorwurfs liegt darin, daß der Mensch auf freie, verantwortliche, sittliche Selbstbestimmung angelegt und deshalb befähigt ist, sich für das Recht und gegen das Unrecht zu entscheiden, sein Verhalten nach den Normen des rechtlichen Sollens einzurichten und das

rechtlich Verbotene zu vermeiden, sobald er die sittliche Reife erlangt hat und solange die Anlage zur freien sittlichen Selbstbestimmung nicht durch die in § 51 StGB genannten krankhaften Vorgänge vorübergehend gelähmt oder auf Dauer zerstört ist.« (BGHSt 2, 194, 200 – der damalige § 51 StGB entspricht dem heutigen § 20 StGB)

So unterschiedlich die Einschätzung der Bedeutung dieses Urteils in juristischen Fachkreisen auch sein mag, so unumstritten ist es, daß es die Schuld bzw. Schuldfähigkeit eines Täters in dessen Freiheit begründet sieht. Diese Freiheit impliziert ihrerseits die Fähigkeit des Täters, aufgrund eigener Entscheidung *anders zu handeln*, als er es im konkreten Fall getan hat. Ungelöst ist innerhalb der Strafrechtstheorie, wie man diesen Begriff des Anders-handeln-Könnens und damit den Begriff der Willensfreiheit fassen soll, d. h., ob man ihn im Sinne des Inkompatibilismus oder eines Kompatibilismus, so wie er hier von uns vorgestellt wurde, begründet und zur Basis des Schuldbegriffs macht. Intensiv diskutiert werden in diesem Zusammenhang außerdem die neueren Erkenntnisse der neurobiologisch-psychologischen Forschung zur Vorbereitung und Steuerung von Willenshandlungen, wie sie weiter oben dargestellt wurden.

Gegenwärtig gibt es innerhalb der Rechtstheorie dazu zwei Hauptmeinungen. Die erste schließt sich der vom BGH vertretenen Auffassung an. Dabei wird unterstellt, daß das Prinzip der »Willensfreiheit« im inkompatibilistischen Sinne im Strafrecht nicht aufgegeben werden dürfe, weil der (schuldfähige) Täter sich selbst als eine den anderen gleiche und zur Selbstbestimmung fähige Rechtsperson verstehe und entsprechend behandelt werden müsse:

»Der Schuld als subjektivem Grundsein für das Verbrechen vorausgesetzt ist das Sich-Begreifen als praktisches Subjekt, das sich die Handlungsregeln zu erschließen vermag. Darin besteht Selbstbestimmung oder Willensfreiheit.«[42]

Die zweite und wohl überwiegend vertretene Ansicht gibt dagegen die Bindung an die Willensfreiheit auf. Damit verlören, so die Annahme, auch empirische Erkenntnisse aus der Psychologie oder der Hirnforschung, an deren Richtigkeit nicht gezweifelt wird, ihre grundlegende Bedeutung für das Schuldprinzip. So hält z. B. Roxin den Zusammenhang von Schuld und Freiheit, wie er in dem oben genannten Urteil des Bundesgerichtshofs hergestellt wird, für »nicht haltbar«. Roxin vertritt eine »präventive Vereinigungstheorie«, der zufolge Strafe sowohl eine spezial- wie auch eine generalpräventive Wirkung hat. Erstere zielt darauf ab, den einzelnen Täter durch Besserung oder Sicherung von weiteren Straftaten abzuhalten. Letztere richtet sich an die Allgemeinheit, die zum einen davon abgehalten werden soll, Rechtsverletzungen zu begehen, und zum anderen eine Stärkung ihres Rechtsvertrauens erfahren soll. Das Schuldprinzip dient dabei nicht der *Begründung*, sondern nur der *Begrenzung* von Strafe. Da es somit dem Schutz des einzelnen dient, hält Roxin eine weitere Legitimation der Strafe z. B. durch den Bezug auf die Willensfreiheit des Täters für nicht erforderlich. Schuld sei eine »normative Setzung, eine soziale Spielregel, die sich nicht zu der Frage äußert, wie es mit der menschlichen Freiheit seinsmäßig beschaffen ist«.[43] Auch Jakobs glaubt, daß das Schuldprinzip ohne den Bezug auf die Willensfreiheit begründet werden könne. Die Zuschreibung von Schuld ziele auf die Sicherung der sozialen Ordnung, Strafe diene der »Erhaltung einer allgemeinen Normanerkennung«.[44] Im folgenden sollen die beiden Hauptmeinungen kurz diskutiert werden.

(1) Nach dem von vielen Rechtstheoretikern akzeptierten

inkompatibilistischen Begriff von Willensfreiheit ist der Wille dann »frei«, wenn er *aus sich heraus*, »selbstinitiiert« und ohne außer ihm liegende Gründe oder Ursachen eine Handlung bestimmt (vgl. Schreiber 2006). Es mögen äußere und innere Bedingtheiten jeglicher Art, *Zwänge, Motive*, vorliegen, welche die Handlung einer Person in die eine oder andere Richtung drängen – die Letztentscheidung darüber, wie gehandelt wird, trifft die Person aus freiem Willen. Der freie Wille steht außerhalb des Geltungsbereichs der Naturgesetze und konstituiert damit eine Kausalität *sui generis*. Gleichzeitig wird betont, daß es sich hierbei nicht um *Zufall* oder *Indeterminiertheit* im quantenphysikalischen Sinne handeln könne, sondern um einen moralisch-sittlich begründeten Willensentschluß, der aber seinerseits nicht von psychologischen Motiven bedingt sein dürfe. Häufig wird in diesem Zusammenhang auch von der »Selbstinitiierung« eines Willensaktes gesprochen – in der Philosophie wird in diesem Zusammenhang in der Regel die »ultimative Urheberschaft« genannt.

Das grundsätzliche Problem dieses Standpunktes besteht, wie oben[45] bereits dargelegt, darin, daß er zwei einander widersprechende Forderungen enthält: Soll der Willensakt wirklich unabhängig von allen Vorbedingungen sein, dann schließt dies auch die Unabhängigkeit von den Überzeugungen, Erfahrungen und Wünschen des Urhebers ein. Dann aber gibt es keine Berechtigung mehr, noch von Urheberschaft zu sprechen. Will man dagegen an echter Urheberschaft festhalten, dann muß sich die Handlung auf die Person zurückführen lassen. Der Willensakt basiert dann auf den Überzeugungen, Erfahrungen und Wünschen des Urhebers und ist eben *nicht* mehr unabhängig von allen Vorbedingungen. *Die Vorstellung von »Selbstinitiierung« bzw. »ultimativer Urheberschaft« ist also in sich wi-*

dersprüchlich. Insofern ist es nicht weiter verwunderlich, daß die Befürworter dieser Idee bislang nicht wirklich verständlich machen konnten, was unter der »Selbstinitiierung« eines Willensaktes zu verstehen sei. Auch Kant, auf den sich viele Rechtstheoretiker berufen, spricht in der »Kritik der reinen Vernunft« ausdrücklich von der Unmöglichkeit, sich darunter irgend etwas Konkretes vorzustellen, und ebenso deutlich von der Unmöglichkeit, Freiheit in diesem Sinne als empirisches Faktum zu erweisen.[46] Moderne Strafrechtstheoretiker versuchen hier über Kant hinauszugehen, indem sie die freie Willensentscheidung als bewußtes und sorgfältiges Abwägen von Handlungsmotiven und -möglichkeiten interpretieren. Hierdurch hofft man, den skizzierten Schwierigkeiten entgehen zu können (vgl. Müller 2005).

Diese Schwierigkeiten entfallen jedoch, wenn man sich vergegenwärtigt, daß die Abwesenheit von Determination keinen Gewinn an Freiheit, sondern nur eine Vermehrung des Zufalls zur Folge hat. Eine Entscheidung, die völlig undeterminiert wäre, könnte eben auch nicht durch die Motive des Urhebers festgelegt sein. Sie wäre daher unmotiviert, d. h. zufällig. Entscheidungen basieren auf Abwägungsprozessen, doch die lassen sich zurückführen auf die genetische Ausstattung des Handelnden, seine frühkindliche Prägung, Erziehung, seine individuellen Erfahrungen und Überzeugungen. Das hier vorgeschlagene Modell fordert dabei die Fähigkeit zur Veränderung der eigenen Motive und Überzeugungen – nur dann kann von personalen Präferenzen im oben skizzierten Sinne die Rede sein. Auch solche Veränderungsprozesse dürfen jedoch nicht willkürlich sein, sonst verstießen sie gegen eigene Erfahrungen und Überzeugungen sowie gegen die durch die Erziehung vermittelten und begründeten Erfahrungen anderer.

(2) Die Meinung, daß empirische Erkenntnisse für den strafrechtlichen Begriff von Schuld irrelevant seien, da es sich um eine normative Setzung handele, ist ebenfalls fragwürdig. Dies gilt zum einen deshalb, weil staatliche Eingriffe immer legitimationsbedürftig sind. Für die Bestrafung gilt dies sogar in besonderem Maße, weil sie der schwerste Eingriff ist, den unsere Rechtsordnung kennt. Das Schuldprinzip in seiner traditionellen, auf Willensfreiheit gegründeten Fassung erscheint gegenüber einem normativen Schuldbegriff vor allem deshalb intuitiv plausibel, weil es die Sanktion an die ethische Vorwerfbarkeit der Normverletzung bindet. Es entspricht damit erstens einem fundamentalen Verständnis von Gerechtigkeit, denn offenbar wäre es ungerecht, eine Person für eine Normverletzung zu bestrafen, die man ihr gar nicht vorwerfen kann. Eine solche grundlegende Verletzung unseres Gerechtigkeitsempfindens birgt zudem die Gefahr, daß die Akzeptanz des Rechtssystems, das in diesem Sinne »ungerechte« Strafen verhängt, untergraben wird. Zum anderen erscheint es auch pragmatisch sinnvoll, Strafen auf solche Normverletzungen zu beschränken, die frei und damit schuldhaft in dem hier skizzierten Sinne begangen wurden: Wenn die Normverletzung sich der Kontrolle der Person entzog, dann wird auch die Verhängung einer Strafe kaum dazu führen, daß die Normverletzung bei vergleichbaren Gelegenheiten unterbleibt.

Es ist eine Trivialität, daß normative Setzungen nicht durch Tatsachenbehauptungen oder empirische Erkenntnisse widerlegt werden können. Strafende Eingriffe müssen jedoch allgemeinen Gerechtigkeitsprinzipien entsprechen. Diese werden indes verletzt, wenn man Strafe von Schuld oder Schuld von Freiheit und damit Strafe von Freiheit abkoppelt. Dadurch würde auch die Legitimität der staatlichen Strafpraxis in Gefahr geraten. Durch ein Verständnis von Schuld als normative Setzung mag man vielleicht bestimmten Einwänden aus dem Wege gehen, Legitimität ist dadurch aber sicherlich nicht zu gewinnen.

Schuld und Strafe

Wir gelangen also zu dem Schluß, daß weder der inkompatibilistische Begriff der Willensfreiheit noch eine normative Setzung als Grundlage eines sowohl gedanklich konsistenten wie auch in der Praxis akzeptablen Schuldbegriffs dienen kann. Wir möchten daher im folgenden zeigen, daß die eingangs entwikkelte kompatibilistische Konzeption von Freiheit eine gute Grundlage für einen plausiblen Begriff von Schuld liefert. Dabei unterstellen wir, daß der Schuldbegriff dazu dient, Normverletzungen, die man einer Person vorwerfen kann, von solchen Normverletzungen zu unterscheiden, bei denen ein solcher Vorwurf nicht angebracht wäre. Der Schuldvorwurf stellt damit einen zentralen konstitutiven Bestandteil unserer Reaktionen auf Normverletzungen dar: Dies betrifft neben dem bloßen Vorwurf vor allem die Bestrafung von Normverletzungen. Wie bereits mehrfach angedeutet, hat der Schuldbegriff dabei erstens einen normativen Sinn, indem er solche Reaktionen *rechtfertigt.* Zweitens besitzt er einen pragmatischen Sinn. Er stellt nämlich sicher, daß wir mit unseren Vorwürfen und Strafen so reagieren, daß sie zu einer Verhinderung künftiger Normverletzungen beitragen können. Der skizzierte Begriff der Freiheit kann also tatsächlich als Grundlage eines so verstandenen Schuldbegriffs dienen.

Frei im Sinne dieser Konzeption handelt eine Person wie

gesagt dann, wenn sich die Handlung auf die Präferenzen, also die Wünsche und Überzeugungen der Person zurückführen läßt. Von Schuld könnte daher dann die Rede sein, wenn es auf die Präferenzen der Person zurückzuführen ist, daß sie die Norm verletzt und nicht befolgt hat.

Wie oben gezeigt, heißt dies erstens, daß die Person auch anders hätte handeln, also die Norm auch hätte einhalten können. Damit wird eine erste unabdingbare Voraussetzung für die Zurechenbarkeit einer Normverletzung erfüllt.

Zweitens ist damit auch sichergestellt, daß der Urheber der verletzenden Handlung für Normen ansprechbar war – nur dann läßt es sich auf die Person zurückführen, daß sie die Norm verletzt und nicht befolgt hat. Dies muß nicht in jedem Falle heißen, daß die Person in dem fraglichen Moment eine bewußte Entscheidung gegen die fragliche Norm getroffen hat; erforderlich ist allerdings, daß sich die Handlung auf eine der Person eigene Präferenz zurückführen läßt: Wer weiß, daß innerorts eine Geschwindigkeit von maximal 50 km/h erlaubt ist und dennoch gewohnheitsmäßig wesentlich schneller fährt, der ist auch dann für eine Normverletzung verantwortlich, wenn er sich im konkreten Fall nicht bewußt gegen die Einhaltung der fraglichen Verkehrsregel entschieden hat.

Umgekehrt erscheint es nicht legitim, eine Person zur Verantwortung zu ziehen, die die Norm nicht kennen konnte oder der das Verständnis für Normen einfach fehlt und die daher generell nicht für Normen ansprechbar ist: Ein kleines Kind, das noch nicht versteht, warum Diebstahl verwerflich sein soll, kommt in diesem Sinne daher auch nicht als Urheber der betreffenden Normverletzung in Betracht. Auch hier trifft sich der normative oft mit dem pragmatischen Sinn: Die Bestrafung für die Verletzung einer Norm, die der Urheber weder kannte noch hätte kennen können, wäre auch pragmatisch sinnlos. Die Einhaltung unbekannter Normen ist auch durch noch so hohe Strafandrohungen nicht zu gewährleisten: Um eine Norm einhalten zu können, muß ich sie zunächst einmal kennen.

Gewährleistet wird damit auch, daß die Normverletzung tatsächlich auf die Person selbst und nicht auf äußere, der Person nicht zurechenbare Umstände zurückzuführen ist. Nicht schuldhaft handeln würde man z. B. dann, wenn man einem äußeren oder inneren Zwang unterliegt. Auch dies ist gleichermaßen unter normativen wie unter pragmatischen Gesichtspunkten sinnvoll: Die Bestrafung einer unter Zwang vollzogenen Normverletzung wäre nicht nur ungerechtfertigt, sondern auch pragmatisch in der Regel widersinnig. Zukünftige Normverletzungen sind nur zu verhindern, wenn man den Urheber der Handlung zur Verantwortung zieht, in diesem Falle also denjenigen, der den Zwang ausgeübt hat – und nicht dessen Opfer. Ähnliches gilt für Fälle von innerem Zwang: Ein Alkoholiker ist kaum durch Strafe, sondern nur durch eine Therapie von Normverletzungen abzuhalten, die durch seine Sucht diktiert sind.

Wir hatten oben argumentiert, daß die Forderung nach Abwesenheit von Determination kein sinnvolles Kriterium für Freiheit ist. Es fällt nicht schwer zu zeigen, daß diese Forderung auch im Widerspruch zu einem plausiblen Schuldbegriff steht. Wenn es nämlich unabhängig von den Präferenzen eines Handelnden gleichermaßen möglich ist, daß die Normverletzung geschieht oder unterlassen wird, dann wird diese nicht durch die Präferenzen festgelegt. Außerdem könnte man unter diesen Voraussetzungen eine Person für eine Normverletzung verantwortlich machen, die deren Wünschen und Überzeugungen geradewegs widerspricht und nur dadurch möglich wurde, daß die Handlung *nicht* durch die eigenen Wünsche festgelegt wird. Nimmt man umgekehrt an, eine Person würde aufgrund ihrer innersten Überzeugung einer Norm entsprechend handeln – wie sollte dann die Aufhebung der Festlegung durch die eigene Überzeugung dazu führen, daß die Fähigkeit dieser Person zu selbstbestimmtem Handeln gesteigert wird? Damit wird doch nur eine Handlung ermöglicht, die im Gegensatz zu diesen Wünschen und Überzeugungen steht. Vor allem aber: Mit welchem Recht sollte man eine Person für eine Normverletzung zur Verantwortung ziehen, die auf diese Weise zustande kommt? Wie betont, kann auch eine nicht vollständig determinierte Handlung durchaus frei sein; die Person kann also auch zur Rechenschaft gezogen werden, wenn sie damit eine Norm verletzt. Eine Steigerung der Verantwortlichkeit ist auf diese Weise aber sicherlich nicht zu erreichen; ein inkompatibilistischer Schuldbegriff ist daher nicht sinnvoll.

Präventive und retributivistische Straftheorien

Alle diese Überlegungen sprechen also dafür, daß auf der Basis des oben skizzierten Begriffs von Freiheit auch ein plausibler Begriff von Schuld entwickelt werden kann, der nicht nur die *Zurechnung*, sondern auch die *Eingrenzung* von Verantwortlichkeit erlaubt. Die Begründung von Schuld erscheint daher zunächst als wenig problematisch. Schuld, so wie sie sich aus dem oben skizzierten Begriff personaler Freiheit ableiten läßt, ist also sicher eine *notwendige* Bedingung für Strafe. Doch stellt sie auch eine *hinreichende* Bedingung dar? Immerhin ist Strafe nicht die einzige Möglichkeit, auf Schuld zu reagieren. So kann man den Schuldigen auch zum Ausgleich des Schadens auffordern, oder man kann ihm verzeihen. Offensichtlich rechtfertigt Schuld für sich genommen noch nicht die Verhängung von Strafen.

Notwendig ist daher eine grundlegende Auseinandersetzung mit der Legitimität der staatlichen Strafpraxis. Eine solche Auseinandersetzung hat zumindest drei Fragen zu beantworten: Zum einen muß sie auf der begrifflichen Ebene klären, was man sinnvollerweise unter Strafe verstehen kann. Zweitens stellt sich die Frage nach einer generellen Legitimation dafür, daß ein Staat seine Bürger bestraft und ihnen damit bewußt Leid oder Schaden (seien diese materiell, körperlich oder psychisch) zufügt. Schließlich muß drittens deutlich gemacht werden, wie man die Höhe einer Strafe in ein sinnvolles Verhältnis zum Maß der Schuld des Handelnden setzen kann.

Kommen wir zunächst zu dem begrifflichen Problem. Ganz generell verstehen wir hier unter Strafe ein Übel, das von einer dafür zuständigen Stelle wegen einer Normverletzung absichtlich gegen den Normverletzer verhängt wird.[47]

Nach der im Strafrecht herrschenden Meinung hat Strafe sowohl einen *retributiven* Charakter als auch einen *präventiven* Zweck. Damit wird sie zum einen als Vergeltung einer Normverletzung bzw. Schuld begriffen, zum anderen soll sie auch von zukünftigen Normverletzungen abhalten.

Die Retributionstheorie läßt sich zurückführen auf das bereits im Alten Testament zu findende *ius talionis* (Wiedervergeltungsrecht), das eine direkte Entsprechung von Verbrechen und Strafe fordert: Auge um Auge, Zahn um Zahn.[48] Die bekannteste neuere Fassung dieses Prinzips dürfte die Kantische Straftheorie sein, die ausdrücklich an das *ius talionis* anknüpft, dieses jedoch um die Forderung nach einem rechtlichen Verfahren erweitert:

> Nur das *Wiedervergeltungsrecht (ius talionis)* aber, wohl zu verstehen, vor den Schranken des Gerichts (nicht in deinem Privaturtheil), kann die Qualität und Quantität der Strafe bestimmt angeben; alle andere sind hin und her schwankend und können anderer sich einmischenden Rücksichten wegen keine Angemessenheit mit dem Spruch der reinen und strengen Gerechtigkeit enthalten.[49]

Tatsächlich entspricht das Vergeltungsprinzip nicht nur einigen tief verwurzelten Instinkten und Bedürfnissen wie dem nach Rache; vielmehr erscheint es bei rationaler Betrachtung zunächst äußerst plausibel, erlaubt es doch die Bestimmung einer der Schuld angemessenen Höhe der Strafe.

Eine genauere Betrachtung weckt jedoch Zweifel, die schon an der Vorstellung der Vergeltung selbst ansetzen können. Unterstellt wird damit die Möglichkeit eines Ausgleichs der Straftat durch die Strafe; tatsächlich fehlt dafür aber in vielen Fällen die Basis. Ein materieller Schaden mag sich durch einen entsprechenden materiellen Ausgleich beheben lassen, doch ein immaterieller Schaden ist durch eine Freiheitsstrafe ebensowenig auszugleichen wie die Schuld, die der Handelnde auf sich geladen hat. Anders als ein Diebstahl führt eine Körperverletzung oder aber eine Beleidigung nicht zu einem Zugewinn auf seiten des Täters und einem Verlust auf seiten des Opfers. Es ist daher nicht möglich, das auf diese Weise entstandene Ungleichgewicht dadurch zu beseitigen, daß der Täter seinen Zugewinn dem Opfer zurückerstattet und damit die entstandene Ungerechtigkeit beseitigt.[50] Die Rückgabe von gestohlenem Gut mag den durch den Diebstahl entstandenen Schaden ganz oder teilweise beseitigen, ein Mord jedoch wird nicht dadurch aus der Welt geschafft, daß man den Täter henkt.

Immerhin könnte man darauf verweisen, daß die Vergeltung

den Mörder dem gleichen Schicksal unterwirft, wie es sein Opfer erleiden mußte. Tatsächlich ist aber auch die hiermit unterstellte Vergleichbarkeit von Straftat und Strafe mehr als fraglich. Ursprünglich wird hier eine direkte Entsprechung unterstellt. Tatsächlich scheidet eine solche Entsprechung jedoch in vielen Fällen von vornherein aus. Einen Vergewaltiger wird man nicht zur Strafe vergewaltigen, einen Betrüger nicht betrügen können. Fraglich ist der unterstellte Vergleich von Straftat und Strafe aber auch deshalb, weil eine prinzipielle Inkommensurabilität zwischen dem Unrecht eines Verbrechens und einer gerechten Strafe vorliegt.[51] Wie sollte es möglich sein, das Unrecht einer Straftat durch das Recht staatlichen Strafens auszugleichen?

Die Frage nach der Vergleichbarkeit wird noch drängender, wenn man berücksichtigt, daß der eigentliche Gegenstand der Strafe gerade aus der Sicht eines Retributionstheoretikers nicht das Verbrechen selbst, sondern die *Schuld* des Verbrechers ist. Hier wird die Inkommensurabilität noch deutlicher: Wie soll man die Dauer einer Freiheitsstrafe in Beziehung setzen zu der Schuld einer Person? Natürlich sollte es eine Entsprechung zwischen der Schwere der Schuld und der Dauer der Strafe geben. Doch dies ist einfach eine Implikation unseres vortheoretischen Gerechtigkeitsempfindens. Eine Straftheorie sollte diese Intuition *begründen* und *konkretisieren*. Doch weil das Vergeltungsprinzip nicht auf inkommensurable Größen anwendbar ist, fehlen der Retributionstheorie hierzu die theoretischen Ressourcen. Als unbegründet erweist sich damit nicht nur der Anspruch der Vergeltungstheoretiker, das einer Tat angemessene Ausmaß der Strafe angeben zu können. Wenn Strafe und Schuld nicht miteinander kommensurabel sind, dann entfällt ganz generell die Grundlage für die Annahme, daß Schuld durch Strafe ausgeglichen bzw. vergolten werden kann.

Die Schwierigkeit ist auch nicht dadurch zu lösen, daß man das Leid des Opfers und die ungerechtfertigten Vorteile des Täters mit einbezieht und dann die Strafe als Ausgleich für diese ungerechtfertigten Vorteile deklariert.[52] Zum einen ist das dem Opfer rechts*widrig* zugefügte Leid nur schwer mit dem dem Täter recht*mäßig* zugefügten Leid zu vergleichen. Zweitens wäre sonst ein Mord, bei dem das Opfer nicht leidet und der Täter keinen Vorteil erzielt, nicht strafbar. Die Strafe würde also nicht mehr dem Verbrechen selbst gelten, sondern nur noch dessen Folgen. Damit würde sich diese Strategie auch von einer grundlegenden Intuition der meisten Vertreter des Retributionismus lösen, nämlich der Annahme, daß Verbrechen *an sich* verwerflich sind, und nicht erst aufgrund ihrer negativen Folgen.

Entgegen dem ersten Anschein vermag die Retributionstheorie also nicht zu zeigen, wie es überhaupt möglich ist, Schuld bzw. Normverletzungen durch Strafe zu vergelten. Damit aber steht der retributivistische Versuch der Legitimation von Strafe prinzipiell in Frage.

Die wichtigste Alternative zum Retributivismus bildet die Präventionstheorie. Strafe ist dieser Theorie zufolge gerechtfertigt, weil sie durch ihren abschreckenden Effekt Rechtsverletzungen verhindert und gleichzeitig die Rechtsordnung schützt. Die Rechtfertigung der Strafe ergibt sich hier also nicht aus der in der *Vergangenheit* liegenden Normverletzung, sondern aus den in der *Zukunft* liegenden positiven Konsequenzen.

Bei näherer Betrachtung wird jedoch erkennbar, daß diese Theorie allenfalls eine Antwort auf die zweite, nicht jedoch auf die dritte Frage geben kann – sie vermag also nur eine Rechtfertigung von Strafe *generell* zu liefern. Aus den positiven Konsequenzen des Strafens läßt sich nicht ableiten, daß man eine *bestimmte* Person wegen einer *bestimmten* Tat mit einer *bestimmten* Strafe belegen kann. Erforderlich ist hier wiederum ein Maßstab, der die Entsprechung von Tat bzw. Schuld einerseits und Strafe andererseits sichert. Der Abschreckungseffekt von Strafe liefert einen solchen Maßstab schon allein deshalb nicht, weil die Abschreckungswirkung von einer Vielzahl von Faktoren abhängt und nur in einem sehr losen Zusammenhang zur Schwere von Schuld und Verbrechen steht. Unter bestimmten Bedingungen kann man also auch bei einem schweren Verbrechen mit einer geringfügigen Strafe die gleiche Abschreckungswirkung erzielen wie mit einer schwerwiegenden Strafe bei einem geringfügigen Vergehen. Mehr noch: Würde Abschreckung alleine Strafe rechtfertigen, dann müßte gegebenenfalls auch die Bestrafung Unschuldiger erlaubt sein, sofern damit ein besonders großer Abschreckungseffekt zu erzielen ist.

Es versteht sich von selbst, daß eine rationale Straftheorie dies nicht zulassen darf. Doch dann kann sie sich eben nicht nur auf die erwarteten präventiven Effekte berufen. Offenbar haben die Schuld des Täters und die Verwerflichkeit des Verbrechens eine zentrale und unabdingbare Bedeutung für die Legitimation von Strafe. Genau hier sind die Probleme der Präventionstheorie noch größer als die des Retributivismus, denn schließlich sucht sie die Legitimation aus den *Konsequenzen* der Strafe und nicht aus der Tat selbst abzuleiten.

Ein anderes Modell

Es gibt somit gute Gründe, nach einem anderen Weg zur Rechtfertigung des staatlichen Strafens zu suchen. Wir möchten als Alternative einen Ansatz vorschlagen, der im wesentlichen auf den vertragstheoretischen Modellen basiert, wie sie in der Politischen Philosophie der Neuzeit seit Hobbes[53], Locke[54] und Rousseau[55] bekannt sind. Anders als die traditionellen Vertragstheoretiker, denen es um die Rechtfertigung staatlicher Herrschaft insgesamt ging, steht für uns die Begründung nur der staatlichen Strafpraxis im Vordergrund. Wir setzen daher die Existenz eines Staates bereits voraus und leiten die Strafpraxis aus einem Vertrag zwischen dem Staat und seinen Bürgern ab. Wir wollen dabei zeigen, daß ein solcher vertragstheoretischer Ansatz zusammen mit dem oben skizzierten Schuldbegriff eine plausible Rechtfertigung dieser Praxis erlaubt. Dies schließt nicht nur die prinzipielle Legitimation der Strafpraxis ein, sondern auch die Möglichkeit, wissenschaftliche Erkenntnisse zu nutzen, um die Grenzen gerechtfertigten Strafens im Einzelfall zu bestimmen.

Der Vorschlag basiert auf der Annahme, daß Menschen ein legitimes und substantielles Interesse haben, daß ihre körperliche Unversehrtheit und ihre materiellen Güter dauerhaft geschützt werden. Hieraus folgt ein Interesse an Normen, die diesen Schutz gewähren, also z. B. an dem Verbot von Mord, Körperverletzung, Raub etc. Da die Normen diesen Schutz nur innerhalb einer Rechtsordnung bieten, die diese Normen dauerhaft durchsetzt, erstreckt sich das Interesse auch auf eine solche Rechtsordnung. Zieht man schließlich in Betracht, daß eine Rechtsordnung die entsprechenden Normen nur mit Hilfe von Strafen durchzusetzen vermag, dann zeigt sich, daß auch die Existenz von Strafen aus dem substantiellen und legitimen Interesse an der Unversehrtheit von Körper und materiellem Besitz abzuleiten ist. Zweifel daran, daß es sich hier in der Tat um ein substantielles Interesse handelt, lassen sich leicht durch den Verweis auf die Situation in Ländern ausräumen, in denen die staatliche Rechtsordnung zusammengebrochen ist. In einer solchen Situation sind nicht nur Leib und Leben jedes einzelnen gefährdet, vielmehr kommt in der Abwesenheit einer funktionierenden Rechtsordnung auch jede ökonomische Tätigkeit zum Erliegen, weil niemand mehr damit rechnen kann, die Früchte seiner Arbeit genießen zu dürfen.

Entscheidend ist nun, daß die Verwirklichung dieser Interessen innerhalb einer Gesellschaft nur dann möglich ist, wenn jeder einzelne sich verpflichtet, die relevanten Normen einzuhalten und gegebenenfalls die für den Fall der Normverletzung angedrohten Strafen auf sich zu nehmen. Das substantielle und legitime Interesse jedes einzelnen Bürgers am Schutz seines Lebens und seines materiellen Besitzes rechtfertigt also nicht nur die Existenz der rechtlichen Normen, die diesen Schutz gebieten, sondern auch die von Strafandrohungen, die diesen Normen Wirksamkeit verschaffen. Begründet wird damit ein dauerhafter und geregelter Austausch von Rechten und Pflichten und damit ein Vertragsverhältnis zwischen dem Staat und seinen Bürgern. Während der Staat den Bürgern körperliche und materielle Sicherheit garantiert, verpflichten diese sich im Gegenzug zur Einhaltung der Normen sowie – im Falle der Normverletzung – zur Unterwerfung unter vertraglich vereinbarte Sanktionen.

Der Vertrag erfaßt also von vornherein auch die Normverletzung sowie den Umgang mit dem Normverletzer. Im Gegensatz zur Kantischen Theorie führt ein Rechtsbruch hier also nicht dazu, daß der Rechtsbrecher in den Naturzustand zurückfällt und damit sämtliche Rechtsansprüche gegenüber dem Staat verliert. Dies ist u. a. deshalb wichtig, weil nur so die rechtliche Regelung von Strafprozeß und Strafvollzug, also ein konstitutiver Bestandteil unserer Rechtsordnung, zu begründen ist. Gäbe es solche Regelungen nicht, so würde dies Zweifel an dem Interesse des einzelnen aufwerfen, sich unter den Schutz einer staatlichen Rechtsordnung zu stellen.

In jedem Falle muß ein solcher Vertrag *alle* Individuen auf dem Gebiet eines Staates einschließen. Es ist offensichtlich, daß dies im Interesse der Vertragspartner liegt, denn schließlich stellen Personen, die sich dem Vertrag *nicht* unterworfen haben und damit weder Normen noch Strafen anerkennen, eine Bedrohung der Vertragspartner dar. Weniger offensichtlich mag es sein, daß die Anerkennung der Vertragspflichten auch im Interesse einer Person liegt, die den Vertrag bislang nicht anerkannt hat. Zwar kann eine solche Person auch dann nicht rechtlich belangt werden, wenn sie Leib und Leben der Vertragspartner gefährdet. Dies schützt sie jedoch nicht vor gewaltsamen Reaktionen des Staates und seiner Bürger. Auch die sind gegenüber außenstehenden Personen nicht an die Vertragsbestimmung gebunden, sondern befinden sich ihnen gegenüber in einer Art Naturzustand. Dieser ist für einzelne außenstehende Personen wegen der Übermacht des Staates sicher bedrohlicher als für den Staat und seine Bürger. Insofern kann man ein generelles Interesse an einem solchen Vertrag unterstellen; der Vertrag kann und sollte daher alle Bürger eines Territoriums umfassen.

Anders als die Präventionstheorie berücksichtigt die Vertragstheorie nicht nur die Bedürfnisse des einzelnen nach einem Schutz vor Verbrechen, sondern das ebenso legitime Bedürfnis nach Schutz vor ungerechtfertigten staatlichen Strafmaßnahmen. Die systematische Basis dafür ergibt sich aus der Überlegung, daß die Bürger offenbar nur ein Interesse an einem *fairen* Vertrag haben können, der den Bürgern keine unnötigen Opfer für die Erfüllung ihrer Sicherheitsbedürfnisse abverlangt. Die skizzierte Rechtfertigungsstrategie deckt daher nur diejenigen Maßnahmen ab, die der Staat tatsächlich für die Aufrechterhaltung der Sicherheit seiner Bürger ergreifen muß.

Dies bedeutet erstens, daß der einzelne nur für solche Normverletzungen zur Rechenschaft gezogen wird, die er tatsächlich verschuldet hat. Wie oben bereits gezeigt, wäre die Bestrafung von unverschuldeten Normverletzungen nicht nur grob ungerecht, sondern auch pragmatisch sinnlos. Es hätte daher niemand einen Grund, einem Vertrag zuzustimmen, der ihm Strafe auch im Falle unverschuldeter Normverletzungen zumutet. Tatsächlich kann eine Strafe, die nicht den Urheber trifft, potentielle Urheber auch in Zukunft nicht von einer entsprechenden Normverletzung abschrecken – im Gegenteil. Dies gilt nicht nur, weil der Urheber unter diesen Voraussetzungen hoffen kann, ungestraft zu bleiben, sondern auch, weil der Unschuldige befürchten muß, trotz seiner Unschuld bestraft zu werden. Unter diesen Umständen liefert die Strafandrohung kein eindeutiges Motiv für die Einhaltung der Normen. Dies erklärt noch einmal, warum die Bindung von Strafe an Schuld auch unter pragmatischen Gesichtspunkten unabdingbar ist.

Die Forderung nach Fairneß betrifft zweitens das Strafmaß. Konkret geht es dabei um zwei Überlegungen, die zusammengenommen ein faires Strafmaß sichern können. Zum einen darf das Strafmaß nicht weiterreichen, als es tatsächlich zur Aufrechterhaltung der Rechtsordnung und zur Wahrung des

Schutzbedürfnisses erforderlich ist – aus diesem Bedürfnis ergibt sich schließlich überhaupt erst die Legitimation von Strafe. Zweitens muß das Strafmaß aber auch der Schwere der Schuld entsprechen. Es wäre unfair, wenn geringfügige Normverletzungen höher bestraft würden als schwere Verbrechen. Diese Überlegungen zeigen, daß das skizzierte Modell nicht nur die Legitimität von Strafe im allgemeinen begründen kann, sondern auch eine Handhabe für die Bestimmung des konkreten Strafmaßes bietet.

Aus der Forderung nach Fairneß ergibt sich drittens die Konsequenz, daß auch der Rechtsbrecher unter dem Schutz der Rechtsordnung stehen muß. Dies setzt voraus, daß der Vertrag auch die Verstöße gegen einzelne Normen erfaßt, so daß solche Verstöße nicht zur Auflösung des Vertrags führen. Wie bereits erwähnt, ist es mehr als zweifelhaft, daß jemand ein Interesse an einem Vertrag haben kann, der ihn nicht mehr schützt, sobald er eine Vertragsbestimmung nicht mehr einhält. Dies betrifft nicht nur den Schutz gegenüber Angriffen durch die Mitbürger, sondern auch den Schutz gegenüber staatlicher Willkür.

Wir unterstellen also erstens, daß eine staatliche Rechtsordnung einschließlich des damit verbundenen Sanktionsregimes zu den Grundvoraussetzungen dafür gehört, daß die Bürger ihre fundamentalen Interessen an körperlicher Unversehrtheit und der Sicherung ihres materiellen Besitzes wahren können. Zweitens setzen wir voraus, daß jede selbstbestimmungsfähige Person solche substantiellen Interessen an ihrer eigenen körperlichen und materiellen Integrität besitzt. Folglich können wir davon ausgehen, daß ein solches Vertragsverhältnis, das diese Interessen dauerhaft schützt, im substantiellen Interesse jeder selbstbestimmungsfähigen Person liegt. Insofern erscheint es legitim, jedem Bürger die Rechte zuzugestehen, aber ihn auch den Pflichten zu unterwerfen, die sich aus dem Vertrag ergeben; dies betrifft auch die Unterwerfung unter die Sanktionen, die für den Fall der Normverletzung vereinbart sind.

Der entscheidende Vorteil dieses Ansatzes gegenüber der Retributionstheorie ergibt sich daraus, daß die Legitimität der Strafe nicht direkt aus der Schuld bzw. aus dem Verbrechen abgeleitet werden muß. Zusätzlich besteht vielmehr die Möglichkeit, auf die substantiellen Interessen des einzelnen zurückzugreifen. Das hier unterstellte Vertragsverhältnis hat ganz konkrete Bedeutung für die staatliche Rechtsordnung. Vor allem in demokratischen Staaten ist es zudem immer wieder Gegenstand von Korrekturen, in denen sich im Idealfall der Konsens der betroffenen Bürger ausdrückt: Dies betrifft insbesondere die Höhe der Sanktionsdrohungen, die sie zur Wahrung ihrer Schutzbedürfnisse in Kauf nehmen. Voraussetzung ist aber auch hier eine Entsprechung von Strafe und Schuld, andernfalls könnte nicht mehr von einem fairen Vertrag gesprochen werden. Innerhalb dieses Rahmens können auch pragmatische und präventive Gesichtspunkte eine Rolle spielen, schließlich ist Prävention dem Modell zufolge ein legitimer Strafzweck.

Gegenüber einem präventiven Ansatz zeichnet sich der hier skizzierte Vorschlag vor allem dadurch aus, daß er auf den wenig erfolgversprechenden Versuch verzichten kann, das Ausmaß der Strafe bei einzelnen Rechtsverletzungen aus dem allgemeinen Interesse an einer funktionierenden Rechtsordnung abzuleiten. Dieses allgemeine Interesse bietet nämlich keinen Anhaltspunkt für das konkrete Strafmaß.

Der hier vorgeschlagene Ansatz umgeht diese Probleme, indem er die Unterwerfung unter Gesetz und Strafe mit Hilfe einer fairen Vereinbarung aus den fundamentalen Interessen des einzelnen an seiner körperlichen und materiellen Unversehrtheit ableitet: Offensichtlich fällt es nicht schwer, diejenigen Gesetze und Strafen zu rechtfertigen, die dem Schutz dieser substantiellen Interessen dienen.

Die Delmenhorster Gewaltstudie

Das obige Modell personaler Freiheit liefert jedoch nur allgemeine Kriterien für die Zuschreibung von Schuld. Um zu bestimmen, ob diese Kriterien auf eine Person oder einen bestimmten Personenkreis zutreffen, bedarf es konkreter empirischer Untersuchungen, u. a. aus der Psychologie und der Neurobiologie. Gerade wenn man das Schuldprinzip ernst nimmt, muß man an Erkenntnissen darüber interessiert sein, unter welchen Bedingungen Menschen verantwortlich handeln können und unter welchen Bedingungen dies nicht der Fall ist – schließlich soll das Schuldprinzip ja einer möglichst genauen und gerechten Zumessung von Verantwortung dienen. Offenbar ist eine zu enge Bestimmung dieser Grenzen nicht weniger problematisch als eine zu starke Ausweitung. Ersteres würde im Extremfall bedeuten, daß wir niemanden mehr als eine verantwortliche Person behandeln dürfen, der man ihre Fehler vorwerfen und ihre Verdienste zugute halten könnte. Dies hätte eine gravierende Korrektur unseres Selbstverständnisses als verantwortlich handelnder Personen zur Folge mit schweren Konsequenzen für unseren Alltag ebenso wie für unsere Rechtspraxis. Genauso problematisch wäre es, die Grenzen zu weit zu ziehen und Personen für Handlungen zur Rechenschaft zu ziehen, für die sie eigentlich nicht verantwortlich waren, etwa weil ihnen die Kontrolle über die fraglichen Handlungen fehlte. Es ist daher unerläßlich, empirische Erkenntnisse über die menschliche Schuldfähigkeit einzubeziehen – auch wenn die Grenzen der Schuldfähigkeit dabei möglicherweise enger gezogen werden müssen, als dies üblicherweise angenommen wird.

Wir wollen diese Problematik anhand der Befunde erläutern, die in der Delmenhorster Studie »Psychobiologische Grundlagen aggressiven und gewalttätigen Verhaltens« (Lück, Strüber, Roth 2005, vgl. auch Strüber, Lück, Roth 2006, 2007) erhoben wurden. In dieser Studie wurde auf der Grundlage einer Vielzahl von Veröffentlichungen aus den letzten Jahren einschließlich inzwischen vorliegender großer retrospektiver und prospektiver Studien die Frage untersucht, welche Merkmale chronische Gewaltstraftäter charakterisieren, wobei sich das Hauptaugenmerk auf die sogenannten impulsiven bzw. reaktiven Gewaltstraftäter richtete, die den allergrößten Teil der Gewaltstraftäter ausmachen.

Die wichtigste Erkenntnis dieser Studie lautet, daß man bei diesen Personen typischerweise nicht einen einzigen Faktor wie »die Gene« oder »die Umwelt« findet, sondern eine *Kombination* von kognitiven und emotional-affektiven Defiziten wie Hyperaktivität, mangelnde Impulshemmung, niedrige Frustrationstoleranz, Defizite im Erlernen sozialer Regeln, Aufmerksamkeits- und Konzentrationsschwächen, Defizite im Bereich der Empathie und verminderte Intelligenz. Abhängig ist das Auftreten dieser Merkmale insbesondere von (1) dem Geschlecht, (2) dem Alter, (3) genetisch oder entwicklungsbedingten hirnanatomischen und -physiologischen Störungen, (4) einer gestörten frühkindlichen Bindungserfahrung, (5) traumatischen frühkindlichen Ereignissen, insbesondere Vernachlässigung, körperlicher Mißhandlung und sexuellem Mißbrauch, und (6) ungünstigen familiären bzw. sozialen Bedingungen wie Armut, elterlichen Konflikten, Auseinanderbrechen der Familie,

Gewaltbereitschaft der näheren sozialen Umgebung. Hierzu im folgenden einige Einzelheiten.

Körperliche Gewaltdelikte werden überwiegend von männlichen Jugendlichen und Erwachsenen begangen. Dabei gilt generell: Je schwerer die Gewalttat, desto deutlicher dominiert das männliche Geschlecht. Dies heißt nicht, daß Mädchen bzw. Frauen »von Natur aus« weniger aggressiv sind, sondern nur, daß Jungen bzw. Männer eher zu *direkter*, nach außen gerichteter körperlicher Gewalt neigen, Mädchen bzw. Frauen hingegen eher zu *indirekter* Gewalt, d. h. verdeckter Aggression mittels sozialer Manipulation (Owens, Shute und Slee 2000, Björkqvist, Lagerspetz und Kaukiainen 1992) oder zu selbstverletzenden Handlungen. Die meisten Gewaltkarrieren beginnen um das 12. Lebensjahr, die Zahl der Delikte verdoppelt sich im Alter zwischen 13 und 14 Jahren, nimmt weiter zu bis zu einem Höhepunkt von 16 bis 17 Jahren, nimmt dann im Alter von 18 Jahren um die Hälfte ab und verringert sich kontinuierlich bis zum 27. Lebensjahr (Schneider 2000). Demgegenüber gibt es eine kleine Gruppe, nämlich ca. 5 Prozent der männlichen Jugendlichen, die sehr früh aggressives bzw. impulsives Verhalten zeigen und darin nicht nachlassen (Moffitt u. a. 2001).

Gegenüber der Normalpopulation zeigen Gewaltverbrecher und Personen mit erhöhter Aggressionsbereitschaft signifikant häufiger bestimmte strukturelle und funktionale Defizite im Bereich des Stirnhirns (präfrontaler, orbitofrontaler und anteriorer cingulärer Cortex) und des Schläfenlappens (Temporalcortex) sowie in limbischen Regionen (vornehmlich Amygdala und basales Vorderhirn), also in Arealen, die mit der Entstehung und der Kontrolle affektiver und emotionaler Zustände zu tun haben (Bogerts 2004, Bufkin und Luttrell 2005, Raine, Buchsbaum und Lacasse 1997, 2000, Davidson, Putnam und

Larson 2000, Roth und Dicke 2005b). Eine durch Läsionen, Fehlentwicklung oder Erkrankung bedingte Verminderung der Aktivität des Frontalhirns, insbesondere des orbitofrontalen Cortex, begünstigt eine erhöhte Risikobereitschaft, eine gesteigerte Impulsivität und eine verstärkte Tendenz zu »unmoralisch«-kriminellem Verhalten (Brower und Price 2001, Bechara u. a. 1997). So zeigten zwei von Anderson und Mitarbeitern untersuchte Personen mit Schädigungen des orbitofrontalen Cortex in frühester Jugend schwer antisoziales Verhalten auch beim Aufwachsen in normaler Umgebung, außerdem reagierten sie nicht auf Strafe oder andere Formen der Intervention (Anderson u. a. 1999).

Es wird, wie berichtet, davon ausgegangen, daß die genannten Bereiche des Stirnhirns eine *hemmende* beziehungsweise *kontrollierende* Wirkung auf limbische Zentren ausüben, von denen negative Emotionen und aggressive Impulse ausgehen. Sind einzelne Strukturen dieses Netzwerks oder ihre Verbindungen untereinander beeinträchtigt, so kann dieser hemmende Einfluß fortfallen, was impulsives, gewalttätiges Verhalten zur Folge haben kann. Allerdings bestehen Unklarheiten in bezug auf die Art der damit in Zusammenhang auftretenden Gewalt. Während sich die zahlenmäßig dominanten impulsiv-affektiven Gewaltformen relativ gut mit diesem Modell erklären lassen, bleibt »kalte« instrumentelle Gewalt, wie sie für Psychopathen bzw. Soziopathen typisch ist, noch weitgehend unverstanden (vgl. Strüber u. a. 2006, 2007).

Neben diesen Hirndefiziten liegen bei sehr aggressiven und gewalttätigen Personen oft deutliche physiologische Veränderungen vor, die vor allem die sogenannten Neurotransmitter bzw. -modulatoren *Serotonin* und *Dopamin* betreffen. Serotonin hat generell einen beruhigenden und angstmindernden Effekt und spielt eine wichtige Rolle bei der Impulskontrolle; ein Mangel an Serotonin begünstigt das Zustandekommen gewalttätigen Verhaltens (Lee und Coccaro 2001). Inwieweit ein niedriger Serotoninspiegel und Aggression direkt zusammenhängen oder über eine verstärkte negative Emotionalität (Furcht bzw. Ängstlichkeit, Bedrohtheitsgefühl, niedrige Frustrationstoleranz) als »reaktive Aggression« vermittelt wird (»Ich fühlte mich angegriffen, da mußte ich mich doch wehren!«), ist noch unklar.

Die Funktionsweise des Serotonin-Systems hängt nicht zuletzt von der genetischen Ausstattung einer Person ab. Für zahlreiche Komponenten dieses Systems werden unterschiedliche Genvarianten (sogenannte Polymorphismen) beschrieben, die in Abhängigkeit von sozialen Umweltfaktoren eine Prädisposition für antisoziales und gewalttätiges Verhalten bewirken können (Lesch und Merschdorf 2000). Für erhöhte Aggressivität scheint insbesondere ein Polymorphismus des sogenannten Tryptophan-Hydroxylase-Gens, das für die Serotonin-Synthese notwendig ist, eine wichtige Rolle zu spielen (New u. a. 1998, Manuck u. a. 1999, Hennig u. a. 2005). Bei männlichen Gewalttätern besteht ein signifikanter *negativer* Zusammenhang zwischen Gewaltbereitschaft und Serotonin-Spiegel bzw. dessen Abbauprodukt 5-Hydroxyindolessigsäure (5-HIAA). Zum sogenannten 5-HT-Transporter, der Serotonin aus dem synaptischen Spalt entfernt und somit seine Wirksamkeit als Neurotransmitter aufhebt, liegen *positive* korrelative Befunde vor: Je höher die Aktivität des 5-HT-Transporters, desto höher ist tendenziell die Gewaltbereitschaft (Coccaro u. a. 1998, Linnoila und Charney 1999, Nelson und Chiavegatto 2001).

Von besonderer Bedeutung ist die Tatsache, daß Defizite im Serotonin-Haushalt nicht nur genetisch bedingt, sondern auch die *Folge negativer Umwelteinflüsse* sein können. Vorgeburtliche Störungen des Serotonin-Haushalts, z. B. aufgrund eines chronischen mütterlichen Stresses oder Drogenkonsums während der Schwangerschaft, können schwere Entwicklungsstörungen hervorrufen. Der spätere Serotoninspiegel wird ebenso von schädlichen frühkindlichen Umwelteinflüssen wie Vernachlässigung, Gewalt und Mißbrauch (Caspi u. a. 2002, Huang u. a. 2004) beeinflußt; so gibt es einen Zusammenhang zwischen niedrigem Serotonin-Spiegel, Aggressivität von Kindern und familiärer Gewalterfahrung (Halperin u. a. 2003). Aggressivität könnte in diesem Zusammenhang durch zumindest zwei Faktoren begünstigt werden, die beide mit einem niedrigen Serotoninspiegel verbunden sind, nämlich erstens durch ein primäres affektiv-emotionales Defizit, das zu einer generellen Fehleinschätzung von Umweltereignissen führt, und zweitens durch ein Gefühl der Bedrohtheit und Unsicherheit als Folge frühkindlicher sozialer Isolation (vgl. Heinz 2000).

Treffen bestimmte kognitive und emotionale Risikofaktoren in der Kindheit zusammen, so ist die Prognose der weiteren Entwicklung insbesondere in bezug auf Störungen des Sozialverhaltens, die sich in extremem Gewaltverhalten ausdrücken können, besonders ungünstig. Zu diesen Faktoren zählen u. a. das Aufmerksamkeits-Defizit-Hyperaktivitätssyndrom (ADHS), mangelnde Impulskontrolle, Schwierigkeiten der Wahrnehmung und Interpretation sozialer Informationen, fehlende Empathiefähigkeit, Bindungsstörungen und klinisch auffälliges oppositionelles Trotzverhalten bzw. Störungen des Sozialverhaltens (vgl. u. a. Lahey, McBurnett und Loeber 2000, Eisenberg und Morris 2002, Carlo u. a. 1999, Dodge u. a. 2003, Moffitt und Caspi 2001). Die Entstehung solcher Entwicklungsstörungen erklärt sich aus einem Zusammenspiel von individuellen, dem Kind eigenen Faktoren und der sozialen Umwelt; vor allem die frühe Interaktion des Kindes mit seinen Bezugspersonen spielt eine große Rolle. Extrem widrige Entwicklungsumstände wie körperliche und sexuelle Mißhandlung, Verwahrlosung, Gewalterfahrungen im näheren Umfeld und konfliktbeladene Eltern-Beziehungen stellen starke Risikofaktoren für massive Störungen der emotionalen und kognitiven Entwicklung des Kindes dar. Sie können im weiteren Lebenslauf zu schweren psychischen Störungen und insbesondere bei Männern zu einer erhöhten Neigung zu Gewalt führen.

Konsequenzen für das Schuldprinzip

Zusammenfassend läßt sich feststellen, daß die Mehrzahl der bisher untersuchten Vielfach-Gewalttäter deutliche neuroanatomische oder neurophysiologische Defizite aufweist, die in den allermeisten Fällen auch schon in Kindheit und Jugend sichtbar werden. Diese Defizite *allein* prädestinieren eine Person aber offensichtlich nicht zu einer späteren Gewalttäterschaft, sondern stellen – von schweren hirnanatomischen und physiologischen Beeinträchtigungen abgesehen – lediglich eine erhöhte Verletzbarkeit (*Vulnerabilität*) dar. In Kombination mit negativen *psychosozialen* Faktoren wie defizitären Bindungserfahrungen (z. B. Vernachlässigung durch die Bezugsperson), körperlicher Mißhandlung, sexuellem Mißbrauch und Gewalterfahrung in der nahen sozialen Umgebung führen sie aber zu einer signifikanten Erhöhung des Risikos chronischer Gewalttäterschaft. *Einzeln genommen* können die genannten Risikofaktoren durch günstige psycho-soziale Umstände oder kompensatorische Hirnentwicklungen in ihrer Auswirkung gehemmt oder gemildert werden. Es gibt daher z. B. Patienten mit neuroanatomischen Defiziten im Bereich des Stirnhirns und des limbischen Systems, die *keine* Gewalttäter sind. Zur Zeit ist noch unklar, warum bei manchen Personen kompensatorische Hirnentwicklungsprozesse stattfinden, bei den Gewaltstraftätern aber nicht.

Wichtig im vorliegenden Zusammenhang ist, daß die genannten Faktoren ihre Wirkung entweder bereits vorgeburtlich, in der Kindheit oder der frühen Jugend entfalten und daher der bewußten Willensbildung weitgehend entzogen sind – es handelt sich in der Regel also nicht um personale Präferenzen im obigen Sinne. Dies hätte zur Folge, daß Handlungen, die von diesen Faktoren bestimmt werden, nicht frei und von der Person zu verantworten wären.[56] Niemand kann für seine Gene, für traumatisierende Erlebnisse im Kindesalter und ein negatives soziales Umfeld in seiner frühen Kindheit verantwortlich gemacht werden. Sollte sich die Vermutung weiter erhärten, daß solche Faktoren für Merkmale jugendlicher oder erwachsener Gewaltanwendung wie mangelnde Impulshemmung, niedrige Frustrationsschwelle und Neigung zu körperlicher Gewalt ursächlich sind, so müßte dies bei der Anwendung des § 20 StGB berücksichtigt werden. Dies hieße, daß eine sehr viel größere Gruppe von Straftätern als bisher unter die Bedingungen des § 20 StGB fallen würde.

Dies gilt speziell für besonders gravierende Delikte, bei denen der Ruf nach Bestrafung in der Regel sehr laut wird, z. B. bei Sexualmorden an Kindern. In solchen und ähnlichen Fällen wird vom Gericht oft eine »besondere Schwere der Tat« festgestellt mit der Konsequenz, daß eine vorzeitige Haftentlassung ausgeschlossen und eventuell eine spätere Sicherheitsverwahrung angeordnet wird. Hier ergibt sich das, was einer von uns

(G. R.) das »Schuldparadoxon« genannt hat: Je verabscheuungswürdiger eine Tat ist, desto eher wird man eine hirnorganische oder psychische Störung feststellen, die die Schuldfähigkeit des Täters beeinträchtigt oder gar ausschließt.

Resümee: Ein aufgeklärter Naturalismus und das Problem der Willensfreiheit

Ziel unseres Buches war es, die Grundzüge einer aufgeklärt-naturalistischen Theorie der Willensfreiheit zu entwickeln. Eine solche naturalistische Theorie betrachtet Willensfreiheit als eine Fähigkeit, die im Prinzip den sprachlichen oder mathematischen Vermögen entspricht. So wie diese bildet sich die Fähigkeit zu freiem Handeln aus innerhalb der Evolution, aber auch innerhalb der Lebensgeschichte einzelner Individuen; außerdem kann sie in unterschiedlichen Graden und Varianten auftreten. Die Details dieser Entwicklung, aber auch die unterschiedlichen Grade und Varianten können bei der Freiheit ebenso wie bei den sprachlichen und mathematischen Vermögen empirisch untersucht werden. Solche Untersuchungen schließen die neuronalen Grundlagen der jeweiligen Fähigkeit ein; sie geben zudem Auskunft über deren Entstehungsbedingungen, aber auch über mögliche Einschränkungen und unterschiedliche Erscheinungsformen. Sie verbessern damit unser Verständnis dieser Fähigkeit, ohne dabei diese selbst zu verändern oder gar in Frage zu stellen: Aufgeklärt ist der von uns vertretene Naturalismus also nicht zuletzt deshalb, weil er die Kritik an reduktionistischen Tendenzen und damit die Phänomene selbst ernst nimmt: Eine freie Handlung ist genausowenig wie eine Rechenoperation »in Wirklichkeit« ein neuronaler Prozeß, sondern eine freie Handlung bzw. eine Rechenoperation.

Dieser aufgeklärte Naturalismus steht im Gegensatz zu einem traditionellen Verständnis von Willensfreiheit, das die Unvereinbarkeit von Freiheit und Determination behauptet. Ein solches Verständnis scheitert jedoch an einer Vielzahl innerer

Unstimmigkeiten; vor allem führt es nicht zu einem anspruchsvolleren Begriff von Freiheit, sondern nimmt dem Handelnden die Kontrolle über sein Tun. Die von uns vorgeschlagene Konzeption von Willensfreiheit vermeidet diese Fehler. Sie entspricht vorwissenschaftlichen Intuitionen, trägt der ausgedehnten philosophischen Diskussion um die Willensfreiheit Rechnung und sie läßt Raum für den skizzierten aufgeklärten Naturalismus. Das bedeutet auch, daß diese Theorie den Erkenntnissen der empirischen Forschung genügen muß, d. h. der experimentellen Psychologie und der Neurobiologie. Dies betrifft insbesondere die bewußt und unbewußt ablaufenden Prozesse der Willensbildung, Handlungsvorbereitung und Handlungskontrolle sowie die Phänomene des Freiheitsgefühls und der Selbstzuschreibung. Schließlich soll die Theorie klären, ob und in welcher Weise noch von Schuld und Verantwortung im umgangssprachlichen wie im juristisch-strafrechtlichen Sinne gesprochen werden kann.

Ausgangspunkt des ersten Teils war die Feststellung, daß der traditionelle, *inkompatibilistische* Willensfreiheitsbegriff, der einen unüberbrückbaren Gegensatz zwischen Freiheit und Determinismus postuliert, nicht akzeptabel ist. Inkompatibilisten binden Freiheit an die Forderung, daß unter identischen Bedingungen auch eine andere als die faktisch vollzogene Handlung geschehen kann. Die Handlung bzw. die ihr zugrunde liegende Entscheidung muß daher nicht nur von äußeren Zwängen frei sein, vielmehr soll sie auch unabhängig von allen handlungsrelevanten Motiven, d. h. den Wünschen, Plänen, Gefühlen, Neigungen und Gewohnheiten des Urhebers variieren können. Inkompatibilisten glauben hierdurch mehr Freiheit zu gewinnen, doch faktisch lösen sie die Handlung von allem, was die *Persönlichkeit* des Handelnden ausmacht. Das aber bedeutet, daß freie Handlungen nicht mehr von zufälligen Geschehnissen unterschieden werden können.

Tatsächlich muß ein sinnvoller Freiheitsbegriff zwei wenig umstrittenen Minimalforderungen gerecht werden: Er muß erstens die Abgrenzung gegen Zwang und zweitens die Abgrenzung gegen Zufall erlauben. Möglich ist dies, wenn man Freiheit als *Selbstbestimmung* begreift. Selbstbestimmung schließt Zwang, aber auch Zufall aus. Positiv gewendet, setzt Selbstbestimmung voraus, daß eine Handlung durch diejenigen Motive, Wünsche und Überzeugungen bestimmt wird, die man dem Handelnden selbst zuschreiben kann. Dies zeigt noch einmal, warum die Aufhebung von Determination *nicht* zu einer Steigerung von Freiheit führen kann: Sie verringert nämlich den Einfluß, den der Handelnde selbst auf sein Handeln ausüben kann. Dabei mag ein gewisses Maß an Unbestimmtheit unproblematisch sein, doch je weiter die Unbestimmtheit reicht, desto geringer ist auch der Einfluß des Handelnden. Eine Handlung, die *überhaupt nicht* determiniert ist, kann folglich auch nicht durch den Handelnden determiniert sein. Eine freie Entscheidung *muß* einen Bezug zur Person des Handelnden haben.

Hieraus ergibt sich gleichzeitig die Möglichkeit, ein neues und besseres Verständnis der Forderung nach alternativen Handlungsmöglichkeiten zu gewinnen: Wenn es wirklich nur von mir abhängt, ob ich A oder B tue, dann *kann* ich A und B tun. Selbst wenn ich faktisch A tue, kann man dann im nachhinein mit Recht sagen, daß ich B hätte tun *können*. Daran ändert sich auch nichts, wenn jeder, der mich kennt, voraussagen kann, daß ich aufgrund meiner Überzeugung selbstverständlich A tun werde. Schließlich bin *ich* es in meiner psychischen Gesamtheit, der festlegt, was ich tue, nämlich A. Aus der Tatsache, daß ich B nicht tun *will*, kann man natürlich nicht ableiten, daß ich B unter den gegebenen äußeren Bedingungen nicht tun *kann.*

Versteht man Freiheit als Selbstbestimmung, dann löst sich nicht nur der vermeintliche Widerspruch von Freiheit und Determination auf, vielmehr erscheint dann auch eine materielle Realisierung freier Entscheidungen unproblematisch. Dies sollte unmittelbar einleuchten: Wenn wir nicht von der Existenz eines immateriellen Geistes ausgehen, dann *müssen* unsere Wünsche und Überzeugungen durch neuronale Prozesse in unserem Gehirn realisiert sein – wie sonst sollten sie Einfluß auf unsere Handlungen und Entscheidungen ausüben? Selbstbestimmung basiert also auf bestimmten neuronalen Aktivitäten, und ein besseres Verständnis dieser neuronalen Aktivitäten vermag auch Licht auf unsere Fähigkeit zu selbstbestimmtem Handeln zu werfen.

Unsere Konzeption bietet damit eine Grundlage für die Berücksichtigung neurobiologischer und psychologischer Erkenntnisse. Dabei gehen wir davon aus, daß menschliche Persönlichkeit und personale Handlungsmotive unabdingbar an die individuelle Struktur und Funktion eines jeden Gehirns gebunden sind. In diesem Gehirn lassen sich funktionale Ebenen unterscheiden, die den von Psychologen, Psychiatern und Psychotherapeuten beschriebenen Ebenen des Psychischen entsprechen. Dabei lassen sich der untersten limbischen Ebene die grundlegenden Lebens- und Überlebensbedürfnisse und ihre Befriedigung zuordnen. Hinzu kommt auf dieser Ebene die elementare Affektstruktur einer Person, die man gemeinhin als *Temperament* bezeichnet, und der man unterstellt, daß sie weitgehend genetisch bedingt ist. Darüber liegt die mittlere limbische Ebene, auf der sich im wesentlichen die – insbesondere vorgeburtlich und früh nachgeburtlich stattfindende – emotionale Konditionierung vollzieht. Dieser Prozeß legt zusammen mit dem Temperament den unbewußten, *egozentrischen* Anteil unserer Persönlichkeit fest, wobei die frühkindliche Bindungserfahrung eine herausragende Rolle spielt. Wiederum darüber befindet sich die bewußte limbische Ebene, die von zentraler Bedeutung für *Erziehung und Sozialisierung* durch Familie, Freunde, Schule usw. ist. Diese Ebene entwickelt sich deutlich später als die anderen Ebenen, etwa vom Kindergartenalter an bis in das frühe Erwachsenenalter. Schließlich gibt es die rational-kommunikative Ebene, auf der sich die Aneignung von Wissen und kommunikativen Fertigkeiten vollzieht, die uns in die Lage versetzen, rationale Normen und Erklärungen zu verstehen.

Die komplizierten Wechselwirkungen dieser vier Ebenen des Gehirns bilden die Basis der komplexen Struktur unserer Persönlichkeit und unserer handlungsrelevanten Motive, angefangen von temperamentgebundenen Affekten über unbewußte, wenngleich erlernte egozentrische Antriebe, die bewußten sozial-emotionalen Motive bis hin zu den sozial vermittelten Normen und Erklärungen. Dies alles ergibt ein *multizentrisches Netzwerk* der Entscheidung und Handlungssteuerung entlang der drei Achsen bewußt–unbewußt, rational–emotional, individuell–sozial.

Dieses Netzwerk arbeitet nach gegenwärtiger Anschauung überwiegend, aber nicht streng deterministisch. Es unterscheidet sich damit massiv von dem Determinismus einfacher Systeme, wie er sich etwa in einem Uhrwerk oder einem herkömmlichen Computer findet. Selbst wenn neuronale Prozesse im Mikro-Bereich, etwa auf der Ebene einzelner Nervenzell-Kompartimente, genau berechenbar wären, könnten schon auf mittlerer Komplexitätsebene, z. B. der kleinerer und größerer

Zellverbände und erst recht auf der Ebene des ganzen Gehirns, nur noch Wahrscheinlichkeitsaussagen getroffen werden. Unvorhersagbarkeit allein ist jedoch kein Beleg für Indetermination, geschweige denn für Freiheit. Auch streng deterministische Systeme, die nur ein geringes Maß an nichtlinearen Kopplungen zwischen ihren Elementen aufweisen, zeigen ein Verhalten, das mit mathematischen Methoden nicht mehr exakt voraussagbar ist.

Das hier vorgestellte »Vier-Ebenen-Modell« versetzt uns nicht nur in die Lage, die Komplexität der Motive zu veranschaulichen, die unseren Entscheidungen und Handlungen zugrunde liegen, es spielt auch eine wichtige Rolle bei der Beseitigung eines Mißverständnisses, das im »Streit der Fakultäten« um die Willensfreiheit eine unselige Rolle gespielt hat. Gemeint ist der vermeintliche Gegensatz von Gründen und Ursachen. Eines der zentralen Kennzeichen menschlicher Personen besteht darin, daß sie sich in ihrem Handeln und Entscheiden von Gründen leiten lassen können. Die Tatsache, daß in neurobiologischen Beschreibungen des Gehirns nur von Ursachen, nicht aber von Gründen die Rede ist, hat zu der Auffassung geführt, die Hirnforschung stelle die Wirksamkeit von Gründen in Frage.

Zur Aufklärung dieses Mißverständnisses bedurfte es theoretischer Überlegungen und empirischer Erkenntnisse. Die theoretischen Überlegungen führten einerseits zu der Erkenntnis, daß es nicht die Gründe selbst sind, die man mit den Ursachen, d. h. kausal relevanten neuronalen Prozessen identifizieren muß, sondern die Überzeugungen, genauer: die einzelnen *Überzeugungszustände* einer Person, die die Gründe zu ihrem Inhalt haben. Eine Person läßt sich dann von Gründen leiten, wenn sie Überzeugungen hat, die ihr Verhalten oder ihre

Entscheidungen rechtfertigen, und wenn diese Überzeugungen oder Wahrnehmungen tatsächlich dafür verantwortlich sind, daß die Person die betreffende Handlung oder Entscheidung vollzieht. Dies bedeutet, daß die Überzeugungen einer Person deren Überlegungen beeinflussen müssen. Es ist nicht zu erkennen, warum diese Überzeugungen, Wünsche und Überlegungen nicht durch neuronale Prozesse realisiert sein sollten – mehr noch: Solange man seine Zuflucht nicht zu immateriellen Seelen nehmen will, ist es schwer vorstellbar, wie unsere Wünsche, Wahrnehmungen und Überzeugungen handlungswirksam werden sollen, wenn sie *nicht* neuronal realisiert sind! Daß in neurobiologischen Beschreibungen der entsprechenden Gehirnprozesse nicht von Gründen die Rede ist, spricht nicht gegen die Wirksamkeit von Gründen – andernfalls müßte die Tatsache, daß das Verhalten von Computerchips durch den Fluß von Elektronen bestimmt wird, als Beleg dafür genommen werden, daß Programmanweisungen wirkungslos sind.

Wie aber werden Gründe wirksam? Oder allgemeiner: Wie sieht die neuronale Basis menschlicher Entscheidungen aus? Grundzüge einer Antwort auf diese Frage liefert das Vier-Ebenen-Modell des menschlichen Gehirns. Während neuronale Vorgänge auf der unteren und mittleren limbischen Ebene mehr oder weniger direkt auf das motorische Verhalten einwirken können, ohne daß man von begründeten Handlungen sprechen könnte, kann eine solche Redeweise angemessen sein, wenn unser Handeln von Prozessen auf der oberen limbischen und – natürlich – auf der rational-kommunikativen Ebene bestimmt wird. Es kann daher ein Verhalten rein aufgrund von Ursachen geben (zum Beispiel Reflexe und andere Automatismen) – das Verhalten wäre dann eben »unbegründet«. Ausgeschlossen ist es jedoch, daß Handeln ausschließlich von Gründen bestimmt wird; die vorrationalen Persönlichkeitsmerkmale bilden stets eine Art Rahmen, in dem Gründe wirksam werden können. Gründe sind also keine Epiphänomene, keine unwirksamen Begleiterscheinungen des allein relevanten neuronalen Geschehens, doch sie werden immer in einem Kontext von anderen verhaltenssteuernden Antriebskräften wirksam, d. h. innerhalb der Struktur der eigenen Persönlichkeit.

Eine wichtige Frage ist die nach dem Ursprung unseres *Gefühls der Freiheit.* Dieses Gefühl gründet (1) auf dem Empfinden, man *selbst* und niemand sonst treffe die Entscheidung für eine bestimmte Handlung, (2) auf dem Eindruck, man könne seine Handlungen ganz unmittelbar bewußt steuern, (3) auf dem Empfinden, daß die eigene Zukunft noch nicht (oder nicht völlig) festgelegt sei, und (4) auf einer möglichst weitgehenden Übereinstimmung individuell-emotionaler, sozialemotionaler und rationaler Motive. Das Freiheitsgefühl steigert sich in dem Maße, in dem diese Motive im Einklang miteinander stehen. Gelingt dies, dann kann man behaupten, man stehe »voll und ganz hinter einer Entscheidung«.

Dieses *Gefühl* ist selbstverständlich nicht mit der Existenz echter Freiheit zu verwechseln, zumal auch die zugrundeliegenden Empfindungen einfach deshalb irreführend sind, weil sie den Einfluß unbewußter Prozesse ausblenden. Dieser Einfluß spielt jedoch, wie oben gezeigt, eine ganz entscheidende Rolle: Unser Handeln und unsere Entscheidungen werden in vielfacher Hinsicht von unbewußten Faktoren beeinflußt. Damit wird echte Freiheit keineswegs ausgeschlossen, zum Teil stellt die Wirksamkeit unbewußter Prozesse sogar eine *Bedingung* für die Fähigkeit zu freiem Handeln dar. So übt z. B. unser Erfahrungsgedächtnis einen unerläßlichen, uns aber großenteils nicht bewußten Einfluß auf unser Handeln aus.

Das Freiheitserleben liefert gleichzeitig eine Erklärung für die unbestreitbare Plausibilität, die der Inkompatibilismus zumindest auf den ersten Blick hat. Wenn wir unser Handeln als frei erleben, fühlen wir uns nämlich in der Regel nicht determiniert. Dies kann zu der Auffassung verleiten, freie Handlungen *dürften* eben nicht determiniert sein. Doch abgesehen davon, daß man auch in diesem Falle aus der Tatsache des Freiheitserlebens keine Norm ableiten kann, die freie Handlungen erfüllen *sollen*: Das Gefühl, nicht determiniert zu sein, kann nur deshalb entstehen, weil viele Motive uns nicht bewußt sind. Zwar kann man auf diese Weise erklären, warum der Inkompatibilismus uns plausibel *erscheint* – eine *Rechtfertigung* dieser Position ergibt sich aber auch hieraus nicht, zumal das Gefühl der Freiheit nichts an den bekannten Unzulänglichkeiten des Inkompatibilismus ändert.

Damit wird noch einmal die Frage nach der Bedeutung bewußter Reflexionsprozesse aufgeworfen. Solche Prozesse, die von zentraler Bedeutung für unser Selbstverständnis als rational handelnder Personen sind, haben ihren wichtigen Platz in dem oben skizzierten Modell, allerdings stellen sie nur *eine* Komponente im Entscheidungsnetzwerk dar: Durch bewußtes Reflektieren erkennen wir komplexe Situationen und Handlungsalternativen und können deren mittel- und langfristige Konsequenzen abwägen. Wir können damit Fragen stellen wie: »Möchtest du diese Konsequenzen?« Eine Antwort darauf kann aber das reflektierende Bewußtsein *allein* nicht geben; hier spielen auch das emotionale Erfahrungsgedächtnis und letztlich die *Gesamtheit unserer Persönlichkeit* eine Rolle. Eine Instanz, die *jenseits* aller erfahrungsgeleiteten Motivation und damit jenseits unserer Persönlichkeit entschiede, wäre für die Planung und Kontrolle menschlichen Handelns ungeeignet, denn sie könnte zu einem Verhalten führen, das der eigenen individuellen und der sozialen Erfahrung widerspricht.

Tatsächlich kann individuelles und gesellschaftliches Handeln in der Regel nur dann erfolgreich sein, wenn es im Lichte der eigenen Erfahrung vollzogen wird und dabei zugleich mit den Grundstrukturen der jeweiligen Persönlichkeit übereinstimmt. In der bewußten Reflexion haben wir Zugang zu Motiven, Wünschen und Normen, die wir vor dem Hintergrund unserer Erfahrungen und Überzeugungen zu bewerten vermögen. Die Willensbildung führt dann zur Fokussierung auf ein einziges Ziel sowie zur vorübergehenden Unterdrückung konkurrierender Ziele.

Wir Menschen sind – mehr als alle anderen Lebewesen – zur autonomen Zielsetzung, zur Berücksichtigung von Normen, zum Abwägen zwischen konkurrierenden Zielen und zur langfristigen Handlungsplanung fähig. Die Evolution unseres Gehirns hat dies ermöglicht und damit auch die Voraussetzungen geschaffen für eine Zunahme von Freiheit in einem konkreten Sinne; sie besteht darin, Handlungsoptionen abzuwägen und eine selbstbestimmte Wahl zu treffen. Diese Wahl wäre nicht überlebensdienlich, wenn sie nicht durch die Erfahrungen, Erkenntnisse und Überzeugungen des Individuums bestimmt würde, sondern zufällig erfolgte. Die Aufhebung von Determination widerspräche also nicht nur der hier vertretenen Konzeption von Selbstbestimmung, sondern sie wäre auch nicht überlebensdienlich.

Die skizzierte Konzeption von Willensfreiheit als Selbstbestimmung lieferte uns schließlich auch die Grundlage für eine kritische Überprüfung der Vorstellungen von Freiheit, Schuld und Verantwortung, wie sie dem deutschen (und kontinentaleuropäischen) Strafrecht zugrunde liegen. Die traditionellen

Konzeptionen von Schuld basieren in der Regel auf einem inkompatibilistischen Freiheitsbegriff. Da auf der anderen Seite nicht einfach unterstellt werden kann, daß das Handeln von Straftätern nicht determiniert ist, treten gravierende Schwierigkeiten bei der Begründung von Schuld und Strafe auf. Doch selbst wenn es nichtdeterminierte Handlungen gäbe, bliebe die Frage, wie man eine Person für eine Handlung verantwortlich machen kann, die nicht durch sie bestimmt war.

Wir kommen zu dem Schluß, daß das traditionelle inkompatibilistische Konzept von Willensfreiheit nicht geeignet ist, Verantwortung und Schuld zu begründen. Im Gegensatz dazu lieferte der skizzierte kompatibilistische Freiheitsbegriff hierfür eine gute Grundlage. *Schuldig* wird eine Person dann, wenn sie mit einer selbstbestimmten Handlung eine Norm verletzt. Das aber bedeutet, daß die Person imstande gewesen sein muß, die Norm auch einzuhalten, also anders zu handeln. Daß sie es nicht tat, sollte kein bloßer Zufall sein, sondern sich auf die Überzeugungen und Wünsche der Person zurückführen lassen. Daher kann man sie auch für die Normverletzung verantwortlich machen. Handelt eine Person dagegen nicht selbstbestimmt, z. B. aufgrund einer hirnorganischen oder psychischen Störung oder im Affekt, dann wird die Person auch nicht schuldig. Die vorgelegte Konzeption liefert daher auch eine Basis dafür, das Maß der Schuld auf systematische Weise einzugrenzen.

Hierzu bedarf es außerdem empirischer Untersuchungen. Die in unserem Buch vorgestellten Befunde zur Frage, warum bestimmte Straftäter gewalttätig werden, legen es nahe, daß die Grenzen der Schuldfähigkeit wohl enger gezogen werden müssen, als dies üblicherweise geschieht. Hier beobachteten wir ein »Schuldparadox«: Gerade im Falle besonders brutaler Gewalttaten spielen häufig Störungen eine Rolle, die die Verantwortlichkeit des Täters einschränken. Oft fällt daher die Härte der gerichtlich verhängten Strafe um so höher aus, je eindeutiger die neuropsychologische Evidenz dafür ist, daß der Täter *nicht* selbstbestimmt und damit auch *nicht* schuldhaft gehandelt hat.

Schuld allein rechtfertigt noch keine Strafe. Wir haben versucht zu zeigen, daß es wenig plausibel ist, Strafe als Vergeltung oder Ausgleich für die Normverletzung zu betrachten, doch auch die Prävention liefert für sich genommen keinen wirklich zureichenden Grund. Statt dessen haben wir auf die Idee eines Vertrags zwischen dem Staat und seinen Bürgern zurückgegriffen. In diesem Vertrag garantiert der Staat jedem Bürger die Sicherheit für Leib, Leben und Besitz, erlegt ihm auf der anderen Seite aber diejenigen Verpflichtungen auf, die unumgänglich sind, um Leib, Leben und Besitz der anderen Bürger zu schützen. Hierzu gehört nicht nur die Einhaltung rechtlicher Normen, sondern auch die Bereitschaft, eine Strafe auf sich zu nehmen, falls diese Normen schuldhaft verletzt werden.

Wir kommen also zu der Einsicht: Wenn ein Mensch aufgrund der ihm zuschreibbaren Wünsche, Überzeugungen und sonstigen Motive handelt, dann handelt er selbstbestimmt und damit frei. Dies gilt auch dann, wenn die zugrundeliegende Entscheidung determiniert ist oder wenn die der Entscheidung zugrunde liegenden physischen Prozesse vollständig in neurobiologischen Kategorien erfaßt werden können. Die Fähigkeit, sich an Gründen zu orientieren, wird dadurch keineswegs ausgeschlossen, schließlich benötigen auch rationale Überlegungen eine neuronale Basis. Handelt eine Person selbstbestimmt, dann kann sie für ihr Handeln verantwortlich gemacht werden; verletzt sie mit einer derartigen Handlung eine Norm, dann wird die Person schuldig. Bei der Entscheidung darüber, ob eine Person selbstbestimmt gehandelt hat, sind empirische Daten von Bedeutung; die Gewaltforschung zeigt, daß nach den geläufigen Kriterien zur normativen Bestimmung der Schuldunfähigkeit bei schweren Gewalttaten häufig nur eine eingeschränkte oder gar keine Schuldfähigkeit vorliegt. Doch selbst wenn eine Person schuldig ist, rechtfertigt dies nicht automatisch die Strafe. Allerdings kann man jedem Bürger unterstellen, daß er ein legitimes Interesse an der staatlichen Sicherheitsgarantie für sein Leib und Leben hat; hieraus ergibt sich die Rechtfertigung der Sanktionen, die diese Sicherheitsgarantie voraussetzt.

Wir sind uns darüber im klaren, daß damit nur ein Ansatz zu einer naturalistischen Theorie von Freiheit, Schuld und Strafe vorliegt, doch auch dieser Ansatz sollte zeigen, daß eine Klärung der noch offenstehenden Fragen eine intensive Zusammenarbeit von Neurowissenschaften und Philosophie, von empirischer und begrifflicher Arbeit voraussetzt. Wir hoffen gezeigt zu haben, daß eine solche Zusammenarbeit möglich und fruchtbar ist.

Anmerkungen

1 Vgl. Phaidon 95c-100b.
2 Vgl. Hagner 2000; Breidbach 1997.
3 Hagner 2000, 31f.
4 ebenda, 273-93; Breidbach 2001.
5 Wittkau-Horgby 1998, 77-114.
6 »Der freie Wille existirt nicht, und mit ihm nicht eine Verantwortlichkeit und eine Zurechnungsfähigkeit, wie sie die Moral und die Strafrechtspflege und Gott weiß wer noch uns auferlegen wollen. Wir sind in keinem Augenblicke Herren über uns selbst, über unsere Vernunft, über unsere geistigen Kräfte, so wenig als wir Herren sind darüber, daß unsere Nieren eben absondern oder nicht absondern sollen. Der Organismus kann nicht sich selbst beherrschen, ihn beherrscht das Gesetz seiner materiellen Zusammensetzung.« Vogt z. n. Wittkau-Horgby, Materialismus. p. 89.
7 Lange 1908 Bd. II, 88-93.
8 Fechner 1906.
9 Heidelberger 1993; Heidelberger 2002.
10 Stoecker 2002.
11 Vgl. Davidson 1970, 4. Davidson, der sich mit Handlungsgründen befaßt, geht im Unterschied zu der hier vertretenen Auffassung davon aus, daß primäre Gründe stets eine Überzeugung *und* einen Wunsch umfassen.
12 Lipton 1990.
13 Vgl. Seebaß 2003; Dihle 1985.
14 Vgl. unten S. 99 ff. den Abschnitt über die neuronalen Grundlagen von Merkmalen, die für die Persönlichkeit relevant sind.
15 Vgl. unten S. 52 ff. den Abschnitt »*Ultimative Urheberschaft*«.
16 Vgl. S. 162.
17 Vgl. unten S. 110 ff.
18 Vgl. Augustinus 1947.
19 Meine Präferenzen bestimmen also eine Handlung, wenn die Handlung bei Wiederholung der gegebenen Bedingungen mit großer Wahrscheinlichkeit wieder vollzogen würde, sie determi-

nieren sie, wenn dies mit absoluter Sicherheit immer wieder geschehen würde.

20 Es versteht sich von selbst, daß hiermit keine generelle Vergleichbarkeit von Computern und menschlichen Entscheidungsprozessen unterstellt wird.

21 Vgl. unten S. 89 ff. die Abschnitte über die Wirksamkeit von Emotionen.

22 Zur genaueren Bestimmung dieser Forderung siehe unten S. 47 ff. den Abschnitt über das Prinzip der alternativen Handlungsmöglichkeiten.

23 Vgl. unten S. 72 ff. den Abschnitt über die Experimente von Libet und seinen Nachfolgern.

24 Man könnte einwenden, daß »Determination« in Zusammenhang mit den Wünschen und Überzeugungen einer Person nicht in demselben Sinne verwendet wird, wie es bei einer Determination durch physische, z. B. neuronale Prozesse der Fall ist. Aus der Sicht des Physikalismus ist es im vorliegenden Falle nicht notwendig, eine Entscheidung darüber zu treffen, ob der Einwand akzeptabel ist oder nicht. Der Physikalist kann nämlich darauf verweisen, daß die Überzeugungen und Wünsche der Person durch physische Prozesse realisiert sind, bei denen von Determination im ursprünglichen Sinne die Rede sein kann.

25 Vgl. oben S. 31.

26 Chisholm 1982.

27 Locke 1988, 323; vgl. Rogers, 1980, 150.

28 Reid 1843, 296; Wittgenstein 1993, 430.

29 Reid 1843, 259; vgl. 296.

30 Empirische Belege hierfür finden sich unten S. 127 ff.

31 Vgl. unten S. 89 ff.

32 Levine 1983; Kim 2002; Beckermann 2002; Pauen 1999; Chalmers 1996.

33 Die Frage ist auch in der Geschichte immer gestellt worden. Vgl. Augustinus 1947; Hermanni 2002, 292 ff.

34 Vgl. S. 46.

35 Vgl. oben S. 32 ff.

36 Epikur 2000, 89 (Sprüche, 40).

37 Ferber 2003, 185.

38 Habermas 2004, 886.

39 Nida-Rümelin 2006, 35 f.
40 Vgl. oben S. 61 f.
41 Vgl. Roxin 1997, §§ 3, 19, 20, Beiträge in Geyer 2004.
42 Köhler 1997, 350 f.
43 Roxin 1994, 57.
44 Jakobs 1991, 484.
45 Vgl. oben S. 52 ff.
46 Kant 1902 ff., 377 (KrV B586).
47 Vgl. Kaiser 1999, 140; Loftsgordon 1966, 343; Rawls 1955, 10.
48 Vgl. 5 Mos. 19, 21.
49 Kant 1902 ff. Bd. VI, 332.
50 Wolf 1992, 46 ff.
51 Wolf 1992, 50.
52 Kaiser 1999, 149 ff.
53 Hobbes 1981.
54 Locke 1988.
55 Rousseau 1977.
56 Vgl. oben S. 34 f.

Literaturverzeichnis

Aggleton, J. P. (Hg.), *The Amygdala, A Functional Analysis*, 2. Auflage, New York, Oxford 2000: Oxford University Press.

Amelang, M. und D. Bartussek, *Differentielle Psychologie und Persönlichkeitsforschung,* 4. Auflage, Stuttgart, Berlin, Köln 1997: Kohlhammer.

Anderson, S. W., A. Bechara, H. Damasio, D. Tranel und A. R. Damasio, *Impairment of social and moral behavior related to early damage in human prefrontal cortex*, in: Nature Neuroscience 2, 11 (1999), S. 1032-1037.

Asendorpf, J. B. 2004, *Psychologie der Persönlichkeit,* 3. Auflage, Berlin, Heidelberg, New York 2004: Springer.

Augustinus, A., *Der freie Wille,* übertragen von Carl Johann Perl, Paderborn 1947: Schöningh.

Bechara, A., D. Tranel, H. Damasio, R. Adolphs, C. Rockland und A. R. Damasio, *Double dissociation of conditioning and declarative knowledge relative to the amygdala and hippocampus in humans,* in: Science 269 (1995), S. 1115-1118.

Bechara, A., H. Damasio, D. Tranel und A. R. Damasio, *Deciding advantageously before knowing the advantageous strategy,* in: Science 275, 5304 (1997), S. 1293-1295.

Beckermann, A., *Die reduktive Erklärbarkeit des Phänomenalen Bewußtseins – C. D. Broad zur Erklärungslücke,* in: Phänomenales Bewußtsein – Rückkehr der Identitätstheorie?, hg. v. M. Pauen und A. Stephan, Paderborn 2002: Mentis, S. 122-147.

Björkqvist, K., K. M. J. Lagerspetz und A. Kaukiainen, *Do girls manipulate and boys fight? Developmental trends regarding direct and indirect aggression,* in: Aggressive Behavior 18 (1992), S. 117-127.

Blakemore S.-J., D. M. Wolpert und C. D. Frith, *Abnormalities in the awareness of action,* in: Trends in Cognitive Sciences 6 (2002), S. 237-242.

Bogerts, B., *Gewalttaten aus der Sicht der Hirnforschung,* in: Forensische Psychiatrie und Psychotherapie 11, 3 (2004), S. 5-21.

Breidbach, O., *Die Materialisierung des Ichs. Zur Geschichte der Hirn-*

forschung im 19. und 20. Jahrhundert, Frankfurt am Main 1997: Suhrkamp.

Breidbach, O., *Hirn und Bewußtsein – Überlegungen zu einer Geschichte der Neurowissenschaften,* in: Neurowissenschaften und Philosophie. Eine Einführung, hg. v. M. Pauen und G. Roth. München 2001: Fink UTB, S. 11-58.

Brower, M. C. und B. H. Price, *Neuropsychiatry of frontal lobe dysfunction in violent and criminal behaviour: a critical review,* in: Journal of Neurology, Neurosurgery & Psychiatry 71, 6 (2001), S. 720-726.

Brunia C. H. M. und G. J. M. van Boxtel, *Motor preparation,* in: Handbook of Psychophysiology, 2. Auflage, hg. v. J. T. Cacioppo, L. G. Tassinary und G. G. Berntson, Cambridge 2000: Cambridge University Press, S. 507-532.

Bufkin, L. J. und V. R. Luttrell, *Neuroimaging studies of aggressive and violent behavior. Current findings and implications for criminology and criminal justice*, in: Trauma Violence & Abuse 6, 2 (2005), S. 176-191.

Cahill L. und J. McGaugh, *Mechanisms of emotional arousal and lasting declarative memory,* in: Trends in Neurosciences 21 (1998), S. 294-299.

Carlo, G., M. Raffaelli, D. J. Laible und K. A. Meyer, *Why are girls less physically aggressive than boys? Personality and parenting mediators of physical aggression*, in: Sex Roles 40 (1999), S. 711-729.

Carter, C. S., T. S. Braver, D. M. Barch, M. M. Bitvinick, D. Noll und J. D. Cohen, *Anterior cingulate cortex, error detection, and the online monitoring of performance,* in: Science 280 (1998), S. 747-749.

Caspi, A., J. McClay, T. E. Moffitt, J. Mill, J. Martin, I. W. Craig, A. Taylor und R. Poulton, *Role of genotype in the cycle of violence in maltreated children,* in: Science 297 (2002), S. 851-854.

Chalmers, D. J., *The Conscious Mind. In Search of a Fundamental Theory,* New York, Oxford 1996: Oxford University Press.

Chisholm, R. M., *Human Freedom and the Self,* in: Free Will, hg. v. G. Watson. Oxford 1982: Oxford University Press, S. 24-35.

Coccaro, E. F., R. J. Kavoussi, R. L. Hauger, T. B. Cooper und C. F. Ferris, *Cerebrospinal fluid vasopressin levels – correlates with aggression and serotonin function in personality-disordered subjects,* in: Archives of General Psychiatry 55 (1998), S. 708-714.

Cunnington R., R. Iansek, K. A. Johnson, J. L. Bradshaw, *Movement-related potentials in Parkinson's disease.* In: Brain 120 (1997), S. 1339-1353.

Davidson, R. J. und W. Irwin, *The functional neuroanatomy of emotion and affective style,* in: Trends in Cognitive Sciences 3 (1999), S. 11-21.

Davidson, D., *Actions, Reasons, and Causes,* in: Essays on Actions and Events, Oxford 1970: Oxford University Press, S. 3-20.

Davidson, R. J., K. M. Putnam und C. L. Larson, *Dysfunction in the neural circuitry of emotion regulation – A possible prelude to violence,* in: Science 289 (2000), S. 591-594.

Dennett, D. C., *Elbow Room. The Varieties of Free Will Worth Wanting,* Cambridge MA 1984: MIT Press.

Dennett, D. C., *I Could Not Have Done Otherwise – So What?,* in: Free Will, hg. v. R. Kane, Oxford 2002: Blackwell, S. 83-94.

Dihle, A., *Die Vorstellung vom Willen in der Antike,* Göttingen 1985: Vandenhoek.

Dodge, K. A., J. E. Lansford, V. S. Burks, J. E. Bates, G. S. Pettit, R. Fontaine und J. M. Price, *Peer rejection and social information-processing factors in the development of aggressive behavior problems in children,* in: Child Development 74, 2 (2003), S. 374-393.

Dreher, E., *Die Willensfreiheit. Ein zentrales Problem mit vielen Seiten,* München 1987: Beck.

Du Bois-Reymond, E., *Über die Grenzen des Naturerkennens,* in: Vorträge über Philosophie und Gesellschaft, hg. v. S. Wollgast, Hamburg 1974: Meiner, S. 54-78.

Eisenberg, N. und A. S. Morris, *Children's emotion-related regulation,* in: Advances in Child Development and Behavior 30, 30 (2002), S. 189-229.

Epikur, *Briefe – Sprüche – Werkfragmente,* übersetzt und herausgegeben von H.-W. Krautz, Stuttgart 2000: Reclam.

Fechner, G. T., *Zend-Avesta oder über die Dinge des Himmels und des Jenseits vom Standpunkt der Naturbetrachtung,* 2 Bde., Hamburg, Leipzig 1906: Leopold Voß.

Ferber, R., *Philosophische Grundbegriffe* 2, München 2003: Beck.

Förstl, H., *Frontalhirn. Funktionen und Erkrankungen,* Berlin u. a. 2002: Springer.

Frankfurt, H. G., *Alternate Possibilities and Moral Responsibility,* in: The Journal of Philosophy 64 (1969), S. 828-39.

Frith C. D., *The positive and negative symptoms of schizophrenia reflect impairments in the perception and initiation of action,* in: Psychological Medicine 17 (1987), S. 631-648.

Gehring, W. J. und R. T. Knight, *Prefrontal-cingulate interactions in action monitoring,* in: Nature Neuroscience 3 (2000), S. 516-520.

Goschke, T., *Vom freien Willen zur Selbstdetermination,* in: Psychologische Rundschau 55, 4 (2004), S. 186-197.

Geyer, C. (Hg.), *Hirnforschung und Willensfreiheit,* Frankfurt am Main 2004: Suhrkamp.

Gollwitzer, P. M., *Suchen, Finden und Festigen der eigenen Identität: Unteilbare Zielintentionen,* in: Jenseits des Rubikon. Der Wille in den Humanwissenschaften, hg. v. H. Heckhausen, P. M. Gollwitzer und F. E. Weinert, Berlin 1987: Springer, S. 176-189.

Goschke, T., *Willentliche Handlungen und kognitive Kontrolle: Zur funktionalen Dekomposition der zentralen Exekutive,* in: Voluntary Action, hg. v. S. Maasen, W. Prinz und G. Roth, New York, Oxford 2003: Oxford University Press, S. 49-85.

Goschke, T., *Volition und kognitive Kontrolle,* in: Allgemeine Psychologie, hg. v. J. Müsseler und W. Prinz, Heidelberg, Berlin 2005: Spektrum Akademischer Verlag, S. 271-335.

Habermas, J., *Freiheit und Determinismus,* in: Deutsche Zeitschrift für Philosophie 52, 6 (2004). S. 871-890.

Haggard P. und M. Eimer, *On the relation between brain potentials and the awareness of voluntary movements,* in: Experimental Brain Research 126 (1999), S. 128-133.

Hagner, Michael, *Homo Cerebralis. Der Wandel vom Seelenorgan zum Gehirn,* Frankfurt am Main und Leipzig 2000: Insel.

Halperin, J. M., K. P. Schulz, K. E. McKay, V. Sharma und J. H. Newcorn, *Familial correlates of central serotonin function in children with disruptive behavior disorders,* in: Psychiatry Research 119, 3 (2003), S. 205-216.

Haynes, J. D., K. Sakai, G. Rees, S. Gilbert, C. Frith, R. E. Passingham, *Reading hidden intentions in the human brain,* in: Current Biology 17 (2007), S. 323-328.

Haynes, J. D. und Geraint Rees, *Decoding mental states from brain activity in humans,* in: Nature Reviews Neuroscience 7 (2006), S. 523-534.

Heckhausen H., *Perspektiven einer Psychologie des Wollens*, in: Jenseits des Rubikon. Der Wille in den Humanwissenschaften, hg. v. H. Heckhausen, P. M. Gollwitzer und F. E. Weinert, Berlin 1987, S. 121-142.

Heidelberger, M., *Die innere Seite der Natur. Gustav Theodor Fechners wissenschaftlich-philosophische Weltauffassung*, Frankfurt am Main 1993: Klostermann.

Heidelberger, M., *Wie das Leib-Seele Problem in den Logischen Empirismus kam,* in: Phänomenales Bewußtsein – Rückkehr der Identitätstheorie?, hg. v. M. Pauen und A. Stephan, Paderborn 2002: Mentis, S. 40-72.

Heinz, A., *Das dopaminerge Verstärkungssystem,* Darmstadt 2000: Steinkopff.

Hennig, J., M. Reuter, P. Netter, C. Burk und O. Landt, *Two types of aggression are differently related to serotonergic activity and the A779C TPH polymorphism,* in: Behavioral Neuroscience 119, 1 (2005), S. 16-25.

Hermanni, F., *Das Böse und die Theodizee. Eine philosophisch-theologische Grundlegung*, Gütersloh 2002: Kaiser.

Hobbes, T., *Leviathan,* Edited with an Introduction by C. B. Macpherson, London 1981: Penguin.

Hopfield, J. J. und D. W. Tank, *Neural computation of decisions in optimization problems*, in: Biological Cybernetics 52, 3 (1985), S. 141-52.

Huang, Y. Y., S. P. Cate, C. Battistuzzi, M. A. Oquendo, D. Brent und J. J. Mann, *An association between a functional polymorphism in the monoamine oxidase – A gene promoter, impulsive traits and early abuse experiences,* in: Neuropsychopharmacology 29, 8 (2004), S. 1498-1505.

Jakobs, G., *Strafrecht, Allgemeiner Teil, Die Grundlagen der Zurechnungslehre*, 2. Auflage, Berlin 1991: de Gruyter.

Kaiser, H., *Widerspruch und harte Behandlung. Zur Rechtfertigung von Strafe*, Berlin 1999: de Gruyter.

Kandel, E. R., J. H. Schwartz, T. M. Jessell, *Neurowissenschaften. Eine Einführung*, Heidelberg 1996: Spektrum Akademischer Verlag.

Kant, I., *Gesammelte Schriften*, hg. v. d. Königlich Preußischen Akademie der Wissenschaften (Akademie Ausgabe), Berlin 1902.

Kim, J., *Emergenz, Reduktionsmodelle und das Mentale,* in: Phänomenales Bewußtsein – Rückkehr der Identitätstheorie?, hg. v. M. Pauen und A. Stephan, Paderborn 2002: Mentis, S. 148-164.

Köhler, M., *Strafrecht, Allgemeiner Teil*, Berlin, Heidelberg 1997: Springer.

Kolb B. und I. Q. Whishaw, *Neuropsychologie,* Heidelberg 1993: Spektrum Akademischer Verlag.

Kornhuber, L. und H. H. Deecke, *Hirnpotenzialänderungen bei Willkürbewegungen und passiven Bewegungen des Menschen, Bereitschaftspotenzial und reafferente Potentiale*, in: Pflügers Archiv für Gesamte Physiologie 284 (1965), S. 1-17.

Krauledat, M., G. Dornhege, B. Blankertz, F. Losch, G. Curio und K.-R. Müller, *Improving Speed and Accuracy of Brain-Computer Interfaces Using Readiness Potential Features,* Vortrag, 26th Annual International Conference IEEE EMBS on Biomedicine, San Francisco 2004.

Kuhl, J., *Wille und Freiheitserleben: Formen der Selbststeuerung,* in: Motivation, Volition und Handlung, hg. v. J. Kuhl und H. Heckhausen, Göttingen 1996: Hogrefe, S. 665-765.

Lahey, B. B., K. McBurnett und R. Loeber, *Are attention-deficit/hyperactivity disorder and oppositional defiant disorder developmental precursors to conduct disorder?,* in: Handbook of Developmental Psychopathology, hg. v. A. Sameroff, M. Lewis und S. M. Miller, New York 2000: Plenum, S. 431-446.

Lamme V. A. und P. R. Roelfsema, *The distinct modes of vision offered by feedforward and recurrent processing,* in: Trends in Neurosciences 23 (2000), S. 571-579.

Lang W., D. Cheyne, R. Kristeva, R. Beisteiner, G. Lindinger und L. Deecke, *Three-dimensional localization of SMA activity preceding voluntary movement,* in: Experimental Brain Research 87 (1991), S. 688-695.

Lee, R. und E. Coccaro, *The neuropsychopharmacology of criminality and aggression*, in: Canadian Journal of Psychiatry 46, 1 (2001), S. 35-44.

Lange, F. A., *Geschichte des Materialismus und Kritik seiner Bedeutung in der Gegenwart,* 2 Bde., Leipzig 1908: J. Baedeker.
Lau H. C., R. D. Rogers, P. Haggard und R. E. Passingham, *Attention to intention,* in: Science 303 (2004), S. 1208-1210.
LeDoux, J., *Das Netz der Gefühle. Wie Emotionen entstehen*, München, Wien 1998: Carl Hanser Verlag.
Lee, R. und E. Coccaro, *The neuropsychopharmacology of criminality and aggression,* in: Canadian Journal of Psychiatry 46, 1 (2001), S. 35-44.
Lesch, K. P. und U. Merschdorf, *Impulsivity, aggression, and serotonin: a molecular psychobiological perspective,* in: Behavioral Sciences and the Law 18 (2000), S. 581-604.
Levine, J., *Materialism and Qualia: The Explanatory Gap,* in: Pacific Philosophical Quarterly 64 (1983), S. 354-361.
Libet B., *Mind Time. Wie das Gehirn Bewußtsein produziert*, Frankfurt am Main 2005: Suhrkamp.
Libet B. (und Kommentatoren), *Unconscious Cerebral Initiative and the Role of Conscious Will in Voluntary Action,* in: Behavioral and Brain Sciences 8 (1985), S. 529-566.
Libet B., C. A. Gleason, E. W. Wright und D. K. Pearl, *Time of conscious intention to act in relation to onset of cerebral activity (readiness-potential),* in: Brain 106, 3 (1983), S. 623-642.
Linnoila, M. und D. S. Charney, *The neurobiology of aggression,* in: Neurobiology of Mental Illness, hg. v. D. S. Charney, E. J. Nestler und B. S. Bunney, New York, Oxford 1999: Oxford University Press, S. 855-871.
Lipton, P., *Contrastive Explanation,* in: Explanation and its Limits, hg. v. D. Knowles, Cambridge 1990: Cambridge University Press, S. 247-266.
Locke, J., *Two Treatises of Government,* Edited with an Introduction by Peter Laslett, Cambridge 1988: Cambridge University Press.
Logothetis, N. K., J. Pauls, M. Augath, T. Trinath und A. Oeltermann, *Neurophysiological investigation of the basis of the fMRI signal,* in: Nature 412 (2001), S. 150-157.
Lück, M., D. Strüber und G. Roth, *Psychobiologische Grundlagen aggressiven und gewalttätigen Verhaltens,* in: Hanse-Studien Bd. 5, Oldenburg 2005: Bis.

Ma, W. J., J. M. Beck, P. E. Latham und A. Pouget, *Bayesian inference with probabilistic population codes,* in: Nature Neuroscience 9, 11 (2006), S. 1432-1438.

Manuck, S. B., J. D. Flory, R. E. Ferrell, K. M. Dent, J. J. Mann und M. F. Muldoon, *Aggression and anger-related traits associated with a polymorphism of the tryptophan hydroxylase gene,* in: Biological Psychiatry 45, 5 (1999), S. 603-614.

Markowitsch, H.-J., *Dem Gedächtnis auf der Spur. Vom Erinnern und Vergessen*, Darmstadt 2002: Wissenschaftliche Buchgesellschaft.

Moffitt, T. E. und A. Caspi, *Childhood predictors differentiate life-course persistent and adolescence-limited antisocial pathways among males and females,* in: Development & Psychopathology 13, 2 (2001), S. 355-375.

Moffitt, T. E., A. Caspi, M. Rutter und P. A. Silva, *Sex Differences in Antisocial Behaviour: Conduct Disorder, Delinquency, and Violence in the Dunedin Longitudinal Study,* Cambridge 2001: Cambridge University Press.

Müller, H.-P., *Kann es einen freien Willen geben? – Was sonst,* in: Zeitschrift für Rechtsphilosophie 3, 1 (2005), S. 26-35.

Münte, T. F. und H.-J. Heinze, *Beitrag moderner neurowissenschaftlicher Verfahren zur Bewusstseinsforschung,* in: Neurowissenschaften und Philosophie, hg. v. M. Pauen und G. Roth, München 2001: UTB-W. Fink, S. 298-328.

Nelson, R. J. und S. Chiavegatto, *Molecular basis of aggression,* in: Trends in Neurosciences 24 (2001), S. 713-719.

New, A. S., J. Gelernter, Y. Yovell, R. L. Trestman, D. A. Nielsen, J. Silverman, V. Mitropoulou und L. J. Siever, *Tryptophan hydroxylase genotype is associated with impulsive-aggression measures: a preliminary study,* in: American Journal of Medical Genetics 81, 1 (1998), S. 13-17.

Nida-Rümelin, J., *Ursachen und Gründe. Eine Replik auf: Michael Pauen, Ursachen und Gründe*, in: Information Philosophie 1 (2006), S. 32-36.

Nieuwenhuys, R., J. Voogd, Chr. van Huijzen, *Das Zentralnervensystem des Menschen*, Berlin, Heidelberg, New York 1991: Springer.

Noesselt, T., S.A. Hillyard, M.G. Woldorff, A. Schoenfeld, T. Hagner, L. Jäncke, C. Tempelmann, H. Hinrichs und H.-J. Heinze, *Delayed striate cortical activation during spatial attention,* in: Neuron 35 (2002), S. 575-587.

Obhi, S. und P. Haggard, *Der freie Wille auf dem Prüfstand,* in: Spektrum der Wissenschaft 4 (2005), S. 90-97.
Owens, L., R. Shute und P. Slee, *Guess what I just heard! Indirect aggression among teenage girls in Australia*, in: Aggressive Behavior 26, 1 (2000), S. 67-83.

Pauen, M., *Das Rätsel des Bewußtseins: eine Erklärungsstrategie,* Paderborn 1999: Mentis.
Pauen, M., *Illusion Freiheit? Mögliche und unmögliche Konsequenzen der Hirnforschung,* Frankfurt am Main 2004: S. Fischer.
Pauen, M., *Was ist der Mensch? Die Entdeckung der Natur des Geistes,* München 2007: DVA.
Prinz, W., *Freiheit oder Wissenschaft,* in: Freiheit des Entscheidens und Handelns, Ein Problem der nomologischen Psychologie, hg. v. M. v. Cranach und K. Foppa, Heidelberg 1996: Asanger, S. 86-103.

Raine, A., M. Buchsbaum und L. Lacasse, *Brain abnormalities in murderers indicated by positron emission tomography,* in: Biological Psychiatry 42, 6 (1997), S. 495-508.
Raine, A., T. Lencz, S. Bihrle, L. LaCasse und P. Colletti, *Reduced prefrontal gray matter volume and reduced autonomic activity in antisocial personality disorder,* in: Archives of General Psychiatry 57, 2 (2000), S. 119-127.
Ramachandran V. S. und D. Rogers-Ramachandran, *Synaesthesia in phantom limbs induced with mirrors,* Proceedings of the Royal Society of London, Series B, Containing papers of a Biological character, in: Royal Society 263 (1996), S. 377-386.
Ramachandran V.S. und W. Hirstein, *The perception of phantom limbs,* in: Brain 121 (1998), S. 1603-1630.
Reid, T., *Essays on the Active Powers of the Human Mind. An Inquiry into the Human Mind on the Principles of Common Sense and an Essay on Quantity,* London 1843: Thomas Tegg.
Robbins T. M. und B. J. Everitt, *Arousal systems and attention*, in: The Cognitive Neurosciences, hg. v. M.S. Gazzaniga u. a., Cambridge MA 1995: MIT Press, S. 243-262.
Rogers, G. A. J., *Locke, Law and the Laws of Nature,* in: John Locke. Symposion Wolfenbüttel 1979, hg. v. R. Brandt, Berlin, New York 1980: De Gruyter, S. 146-162.

Rolls, E. T., *The Brain and Emotion,* New York, Oxford 1999: Oxford University Press.
Rösler, F., *Einige Gedanken zum Problem der Entscheidungsfindung in Nervensystemen,* in: Berlin-Brandenburgische Akademie der Wissenschaften (Hg.), Zur Freiheit des Willens, Berlin 2004: Akademie-Verlag, S. 23-34.
Roth, G., *Fühlen, Denken, Handeln,* Frankfurt am Main 2003: Suhrkamp.
Roth, G. und U. Dicke, *Evolution of the brain and intelligence,* in: Trends in Cognitive Sciences 9, 5 (2005a), S. 250-257.
Roth, G. und U. Dicke, *Funktionelle Neuroanatomie des limbischen Systems,* in: Neurobiologie psychischer Störungen, hg. v. H. Förstl, M. Hautzinger und G. Roth, Heidelberg 2005: Springer, S. 1-74.
Roth, G., *Persönlichkeit, Entscheidung und Verhalten. Warum es so schwierig ist, sich und andere zu ändern*, Stuttgart 2007: Klett-Cotta.
Rousseau, J.-J., *Vom Gesellschaftsvertrag oder Grundsätze des Staatsrechts,* hg. u. übers. v. H. Brockard und E. Pietzcker, Stuttgart 1977: Reclam.
Roxin, C., *Strafrecht, Allgemeiner Teil,* Band I. *Grundlagen, Der Aufbau der Verbrechenslehre*, 2. Auflage, München 1994: Beck.

Schneider, F., U. Habel, C. Kessler, S. Posse, W. Grodd und H. W. Muller-Gartner, *Functional imaging of conditioned aversive emotional responses in antisocial personality disorder,* in: Neuropsychobiology 42, 4 (2000), S. 192-201.
Schreiber, H.-L., *Ist der Mensch für sein Verhalten rechtlich verantwortlich?,* in: Humaniora, Medizin – Recht – Geschichte, Festschrift für Adolf Laufs zum 70. Geburtstag, hg. v. B. R. Kern, E. Wadle, K.-P. Schroeder und C. Katzenmeier, Berlin 2006: Springer, S. 1069-1078.
Seebaß, G., *Wille/Willensfreiheit: Philosophisch,* in: Theologische Realenzyklopädie, hg. v. G. Müller, Berlin, New York 2003: De Gruyter, S. 55-73.
Soon, C. S., M. Brass, H.-J. Heinze und J.-D. Haynes, *Unconscious determinants of free decisions in the human brain*, in: Nature Neuroscience 11 (2008), S. 543-545.
Stadler, M., *Der freie Wille, die Zeit und die Verantwortlichkeit,* in: Naturgeschichte der Freiheit, hg. v. J.-C. Heilinger, Berlin, New York 2007: De Gruyter, S. 117-132.

Stoecker, R., *Einleitung,* in: Handlungen und Handlungsgründe, hg. v. R. Stoecker, Paderborn 2002: Mentis, S. 7-32.
Strauss, B., A. Buchheim und H. Kächele, *Klinische Bindungsforschung,* Stuttgart, New York 2002: Schattauer.
Strüber, D., M. Lück und G. Roth, *Tatort Gehirn,* in: Gehirn & Geist 9 (2006), S. 44-52.
Strüber, D., M. Lück und G. Roth, *Sex, aggression and impulse control: An integrative account,* in: NeuroCase (im Druck).

Van Inwagen, P., *The Incompatibility of Free Will and Determinism,* in: Free Will, hg. v. G. Watson, Oxford, New York 1982: Oxford University Press, S. 46-58.

Wagner, R., *Menschenschöpfung und Seelensubstanz. Ein anthropologischer Vortrag,* Göttingen 1854: Wigand.
Wegner D., *The Illusion of Conscious Will,* Cambridge MA 2002: MIT Press.
Wittgenstein, L., *Lectures on the Freedom of Will,* in: Philosophical Occasions, hg. v. J. Klagge und A. Nordmann, Indianapolis 1993: Hackett, S. 427-444.
Wittkau-Horgby, A., *Materialismus. Entstehung und Wirkung in den Wissenschaften des 19. Jahrhunderts,* Göttingen 1998: Vandenhoeck und Ruprecht.
Wolf, J.-C., *Verhütung oder Vergeltung? Einführung in ethische Straftheorien,* Freiburg, München 1992: Alber.